本书为教育部人文社会科学研究青年基金项目（22YJC890021）的研究成果

主动健康推进体医融合的
机理路径研究

邱林飞 —————— 著

ZHEJIANG UNIVERSITY PRESS
浙江大学出版社
·杭州·

图书在版编目（CIP）数据

主动健康推进体医融合的机理路径研究 / 邱林飞著.
杭州：浙江大学出版社，2024. 7. -- ISBN 978-7-308
-25106-8

Ⅰ. G883；R

中国国家版本馆 CIP 数据核字第 2024NJ8517 号

主动健康推进体医融合的机理路径研究
ZHUDONG JIANKANG TUIJIN TI YI RONGHE DE JILI LUJING YANJIU
邱林飞　著

策划编辑	吴伟伟	
责任编辑	金　璐	
责任校对	葛　超	
封面设计	雷建军	
出版发行	浙江大学出版社	
	（杭州市天目山路 148 号　邮政编码 310007）	
	（网址：http://www.zjupress.com）	
排　版	浙江大千时代文化传媒有限公司	
印　刷	广东虎彩云印刷有限公司绍兴分公司	
开　本	710mm×1000mm　1/16	
印　张	14	
字　数	201 千	
版印次	2024 年 7 月第 1 版　2024 年 7 月第 1 次印刷	
书　号	ISBN 978-7-308-25106-8	
定　价	68.00 元	

目　录

/ 第一章 /

绪　论

一、体医融合的来源

随着中国特色社会主义进入新时代,以人为本的发展理念深入社会各领域,群众健康问题日益突出。中国已经进入为全民健康奋斗的"大健康时代"。2016年8月,习近平总书记在全国卫生与健康大会上强调"树立大卫生、大健康的观念,把以治病为中心转变为以人民健康为中心,建立健全健康教育体系,提升全民健康素养,推动全民健身和全民健康深度融合"[1]。同年10月,国务院发布的《"健康中国2030"规划纲要》(简称《纲要》)提出,健康中国建设要立足于全人群和全生命周期两个着力点,实现从"以治病为中心"向"以健康为中心"的转变,进而提出以预防为主的构想。为实现"以健康为中心"的战略,《纲要》提出"加强体医融合和非医疗健康干预",明确要加强体医融合,发挥全民科学健身在健康促进、慢性病预防和康复等方面的积极作用。此外,国务院发布的《全民健身计划(2016—2020年)》也提出要大力推广"运动是良医"等理念,开展国民体质测试,研究制定并推广普及运动处方库,大力开展科学健身指导。2020年,《中共中央关于制定国民经济和社会发展第十四个五年规划和二〇三五年远景目标的建议》明确提出,推动"健康关口前移,深化体教融合、体卫融合、体旅融合"。这一系列政策和措施的出台,无疑推动了体医融合的发展,让国民看到健康时代的到来。

自改革开放以来,我国社会经济高速发展,已成为世界第二大经济体,但由于人口结构严重失衡,老龄化问题日益突出,加之国民经济快速发展下,人们长期处于高压工作状态,致使体力活动减少、生活方式转变,慢性病已经成为全球范围内最重要的公共卫生问题,威胁着人们的健康以及生命质量。自 2000 年以来,我国国民的体质持续下滑[2]。与此同时,近几年来,广大群众由于缺乏正确的锻炼方法以及未形成良好的锻炼习惯,从而导致运动损伤的发生。根据国家卫生部门有关数据,2012 年全国慢性病死亡率高达 86.6%,心血管疾病、癌症等致死疾病的死亡率为 79.4%[3]。世界卫生组织首次发布的报告显示,与数十年前相比,中国的糖尿病发病率呈爆炸式增长趋势[4]。典型的高致死率疾病发生了根本性的变化,由于人们缺乏运动,疾病的发病率急剧上升。糖尿病、心血管疾病、慢性呼吸性疾病、感统失调综合征、腰背痛等慢性疾病的发生都与缺乏运动有着密切的关联[5-7],且这些疾病的患者呈现出逐渐年轻化的趋势,如儿童的平均血压值越来越高,儿童患有颈椎病、肥胖症、高血压等疾病的更是不在少数。2019 年,《柳叶刀》杂志发布的全球疾病、伤害和风险因素负担研究报告显示,近 30 年来,我国居民疾病谱发生了重大变化,相较于传染性疾病,非传染性慢性病已成为我国居民的主要死亡原因,肌肉骨骼疾病、精神障碍和感觉器官疾病则是主要致残原因。同时,中国老龄化的加速到来进一步加剧了慢性病的发病态势[8]。

当前,国家卫生健康委员会、国家体育总局、教育部、全国老龄工作委员会等部委都出台了一系列健康促进服务的发展规划和实施意见,开展了大量应用示范工作,众多企业和研究机构竞相推出各种健康管理服务系统[9]。随着我国卫生事业体制不断深化改革,在基层医疗机构中,医疗保健服务已经出现[10]。我国的医疗事业在从"以治病为中心"向"以健康为中心"转变的战略思想指导下,在医学的许多领域开展了关于运动的相关研究,例如在糖尿病、脊椎疾病、关节炎等慢性病患者的运动康复方面的研究。现在更加需要"体"与"医"配合,以防病为目的,强身健心,提高运动体验感。单一的医学科学或体育科学领域无法全面地阐释健康促进运动的机制,需要建立良好的体育与医疗合作机制,将健康促进运动作为一个共同研究的学科。同时,还需要搭建体育与医疗领域合作研究的平台,以促使体育与医疗在合作与实践中共同发展。运动具有双重属性,即生理属性和文化属性。体育锻炼不同于药物治疗,其是一种温情的促进健康的手段,能使人产生美好的感受。接受运动指导的个体期望从这种指导中获得健康效益,例如很多参与体育运动的人,并没有把健康促进视为最重要的因素,他们可能只是喜欢某种氛围,就如那些因为喜欢健身房的锻炼氛围而去健身房锻炼的人。因此,要重视运动使人产生的美好感受,因为医学治疗是无法使人产生这样的感受的。只有进行有效的体育运动才能既产生健康促进的效果,又使人产生美好的感受。

然而,目前对于群众健康管理的医学干预与非医学干预都偏向"被动"及"过度依赖"医生和体育健康指导员,个人的主观能动性及内在健康动因在健康促进的前期表现不足。一方面,多数体育教练缺乏足够的医疗卫生知识,这导致了健身存在安全隐患,因为他们无法根据不同的个体制订安全和正确的健身计划。另一方面,虽然医务人员明白体育锻炼的重要性,但他们缺乏体育锻炼的基础知识,因此无法为不同的身体状况制订有针对性的锻炼计划。同时,虽然国内外大量的研究证实了"运动是良医"的科学性,运动作为非医疗干预的健康促进手段,具有可操作性强、见效速度快的特征,是提升群众身心健康行之有效的实施策略[7,11]。但这些研究大多围绕着单一的运动处方或运动项目,根据我国国民体质特点,经实验验证制定的运动处方的研究至今仍处于早期阶段,"体""医"双方在实施过程和合作衔接上还存在一定的困难[12-13]。面对复杂多样的体质与健康形势,现有的以"药物治疗"为核心的卫生保健体系的运作效果不佳,并给国家的医疗带来了很大的经济负担。因此,迫切需要寻找合适的解决途径,这正是体医融合在此背景下应运而生的原因。美国作为体医融合的倡导者和先行者,强调体医深度融合,协调体育、医疗、卫生等多元主体共同参与,构建了可持续的协同治理路径。从 2004 年开始,我国也提出了体医融合的理念,并逐步出台相应政策。在医学院校、体育院校的有关教材中,运动处方已被列为教学内容。2014 年开始,我国已经提出"推动体力活动与医疗手段等融合发展"的理念,并且还将"全民健身"提升至战略层面。2016 年 10 月,中共中央、国务院印发了《"健康中国 2030"规划纲要》,其中特别强调了"体医融合"模式的建立,要加强非医疗手段对机体健康的干预,加大民众日常生活方式、运动技能、健康教育与监测等多方面的宣传力度,推进全民健身与健康事业的发展,实现体育与医学两大板块的深度融合。党的十八届三中全会明确提出"推进国家治理体系和治理能力现代化",并把其确立为推进全面深化改革的总体目标要求。

我国处于社会转型的关键时期,中国特色社会主义事业面临着新问题、新挑战,各行业、各部门、各环节融合发展、协同发展是新时代的要求,国家需要从全局角度、战略角度,整体、系统、协同地推进中国特色社会主义事业。在整个国家治理体系中,体育与医疗、健康、教育等利益相关方的深度融合将助力国家治理体系和治理能力现代化。同时,随着我国综合国力不断增强,促进人民健康的重要性也受到了关注。特别是在战略层面,国家已经改变了体育的战略地位,提高全民健康素养成为新时代体育发展的战略选择。《体育发展"十三五"规划》《"健康中国 2030"规划纲要》提出,要构建体医融合的疾病管理模式与健康服务模式,体医融合被提升为打造全民健康生活方式的重要途径。在《纲要》的具体实施过程中,健康融入了包括医疗、体育等领域在内的发展政策,针对生活行为和生活环境等影响健康的因素,推进健康的生活方式,减少疾病发生。同时,在体医融合"大健康、大体育、大卫生"的环境下,随着群众健康教育体系的完善、健康多元主体的积极参与,人们逐渐意识到从"被动治疗"转向"主动健康"的重要性,体育运动对疾病防治和健康促进的重要作用也受到了更多的重视。全国政协委员钱利民曾在全国政协会议上指出,推动体育与医疗的融合发展,既有利于预防和治疗慢性病,又有利于减少各种疾病并发症,还能在一定程度上缓解国家的医疗负担[14]。因此,凝聚体育与医疗领域的力量、促进体医融合协同创新是实施健康中国战略的题中之义,是落实健康中国行动的必然选择,也是顺应社会健康发展的重要趋势和必要手段。

体医融合的本质属性之一是层次整合,这一属性强调了体医融合不仅仅是两个领域的简单并列,而是通过深度整合体育和医疗的各个层次,实现更全面的健康管理。在体医融合中,深度整合意味着将体育和医疗领域不同层次的理念、技术和资源融合在一起,协同工作。在理念融合层面,深度整合体育和医疗的理念,意味着把体育作为预防和促进健康的重要手段,把医疗作为治疗和康复的手段,将健康促进和健康维护的理念与医学的治疗相结合。理念融合,可以实现更全面的健康管理。在技术融合层面,深度整合体育和医疗的技术,意味着将体育科学和医疗技术相互结合。例如,运动生理学、康复医学等领域的技术可以运用于运动训练,从而提升运动员的运动水平或促进康复。在资源融合层面,深度整合体育和医疗领域的资源,意味着将体育设施、运动场馆与医疗机构、医疗资源相连接,为个体提供更全面的健康服务。深度整合的目的在于创建一个综合性的健康管理体系,使个体可以在一个平台上获得全方位的健康服务,这有助于提高个体的健康水平,同时也能更好地满足不同人群的健康需求。总之,体医融合强调在体育、医疗领域间深度整合各个层面的理念、技术和资源,以创造更全面、综合的健康管理体系。

体医融合的本质属性是综合性健康,这一属性强调了体医融合的目标是追求个体全面健康,其中包括身体、心理、社会等多个方面,而不仅仅局限于疾病的治疗。综合性健康意味着健康管理不再只是疾病的治疗,而是将健康纳入个体关注的各个方面。身体健康、心理健康、社会情感健康等都是综合性健康的重要组成部分。体医融合强调了不同维度的健康关注,包括但不限于身体成分、心血管健康、运动技能、心理健康、社会适应能力等。综合性健康追求个人在各个阶段都保持健康状态,而不仅仅是在生病的时候才寻求医疗帮助,即强调健康的预防性,通过体育锻炼、健康饮食等积极行为,预防健康问题的发生。综合性健康符合"全人健康观"的理念,认为个体的健康不仅仅是身体的健康,还包括心灵的平衡、情感的和谐以及社会关系的良好。体医融合致力于在全人健康观的基础上,为个体提供综合性的健康管理。综合性健康强调健康促进与治疗的有机结合。体医融合不仅关注疾病的治疗,更注重在健康的全过程中采取积极措施,提升整体健康水平,预防潜在的健康风险。总之,体医融合的本质属性是综合性健康,体现了从单一疾病治疗向全面健康管理的转变。体医融合的目标是实现个体身体、心理、社会等多个方面的全面健康,使个体不同层面的健康都能够得到关注、支持和指导。健康管理的全面性有助于提升个体的生活质量和幸福感。

体医融合的本质属性包括科学影响和综合干预,这一属性凸显了体医融合健康管理中的科学性和多维度的干预手段。科学是体医融合的基础,健康管理的决策和干预需要基于科学研究和证据,以确保健康策略的有效性和安全性。体医融合是将体育科学和医学知识相结合,借助科学的洞察力制定个性、时尚的健康方案。综合干预是体医融合的核心,它强调多维度、多层次的干预手段,旨在从不同角度促进个体的健康。综合干预包括但不限于运动、营养、心理支持、康复等方面的干预,旨在全面提升个体的健康水平。科学影响使健康干预不再是"一刀切",而是根据个体的特征、需求和目标进行定制。通过科学影响,个体能够获得更精准的健康建议和指导。综合干预意味着个体在不同生命周期都能够得到关注和支持。体医融合强调健康的全生命周期管理,通过不同阶段的综合干预,帮助个体在各个阶段维护健康。科学影响和综合干预也有助于更好地管理健康风险。科学的数据分析和综合干预策略可以帮助个体识别和降低潜在的健康风险,从而提高整体的健康水平。体医融合的科学影响还包括健康教育和意识提升。通过科学的健康教育,个体可以更好地了解相关健康知识,增强积极的健康观念,从而更有动力参与健康管理。科学影响确保基于科学研究和证据的健康管理,而综合干预则通过多层次、多维度的干预手段实现个体的全面健康目标。

综上所述,为了积极响应国家健康战略并着手解决因缺乏运动而引发的一系列健康问题,仅仅是现有的政府或某一特定部门主体(无论是医疗部门主体还是体育部门主体)都难以承担如此重要的任务。现状显示,体育与医疗之间的部门界限明显,体育、医疗部门主体之间融合不足,存在着行业壁垒高的问题,同时忽视了服务机构、社会公众、自治组织等多元主体的社会参与。要想真正实现体医的深度融合,还需要多个部门的协同配合,这就意味着我们需要打破壁垒,不仅要融合体育和卫生两个直接相关的部门,还需要建立跨部门、跨主体、跨行业的协同推进的体医融合模式。然而体育和医疗在体医融合体制机制建设上尚未形成完整的政策建立机制,严重制约了体医融合体制机制的建设。在国民越来越重视健康问题的今天,在"健康中国"的全速推进中,体育和医疗作为促进身心健康的"左右手",如何有效地进行有机融合,形成主动健康推进体医融合的新路径已显得十分的迫切和必要。

二、体医融合的实践现状

体医融合作为国家健康战略的重要举措,需要层层推进,最终通过个体观念和行为的改变得以实现。因此,体医融合战略的实施,需要在理论上认识其合理性和必要性,认识其内外部环境的有利条件和制约因素。但由于各种社会力量的协调和各方相关利益之间的竞争,体医融合仍受到许多内外因素的制约和影响。尽管在现行的体医融合环境下优良适宜的应用正在逐步成形,但是就目前付出的实际行动而言,主动健康推进体医融合仍然面临着多重困境和挑战。

第一,当前我国体医融合实践的开展处在初步探索阶段。从宏观层面上看,为促进体育与医学两大领域的融合,我国制定并颁布了多项有利于体医融合发展的政策法规。近几年,在政策的推动下,有些地方响应国家政策,率先尝试开展以地方政府为主导、以创建健康城市为辅助的管理模式,包括举办各种形式的运动会、健康知识有奖竞赛等活动,旨在弥补传统医学健康服务体系上的缺陷。在中国,由于公共体育产品和医疗服务主要由政府提供,所以微观管理主体、体育中介机构(医疗)协会、非政府机构及其他利益相关者处于弱势地位,因此这些相关主体的利益无法确保,甚至会违反市场经济规律。再加上政府部门、社会中介机构、工业企业间的权责和职能配置仍然不明确,造成政府部门出现体医融合服务市场监督机制和管理被异化的现象。体育、卫生健康各部门间不仅沟通不足,而且政出多门,导致分段治理、职责固守、碎片化管理、低层次管理、互动积极性不高等现象十分突出。同时,由于行业分离,业务互不协调,各行政部门之间缺乏协调和监督,存在评价标准不一致、评价体系不健全、市场监管不到位等问题,导致体医融合协同生产或供给效率低下。在此背景下,利益相关方无法按照市场机制融合,致使当前的体医融合在思想观念、目标、技术手段等方面与"相互参照、相互补充、相互促进"的"模式"设计初衷仍相差甚远。虽有较为良好的政策环境,但由于缺乏系统化的体医融合服务建设的规章制度和统一的标准,多地的健康服务呈"碎片式"发展,居民的健康权益无法得到保障。加之在体医融合服务的基层实践中,存在社会治理环境复杂、地区配套政策滞后以及基层部门对体医融合政策执行较差等问题,极大阻碍了体医融合服务的建设与发展。具体而言,部分地区体医融合服务建设与已有政策脱钩。据统计,截至 2021 年,全国仅有北京、江苏、上海等 16 个省、区、市发布了关于主动健康推进体医融合行动的地方政策。但调查发现,在部分基层体医融合服务过程中,存在体育公共场地设施不标准、体育健康服务产品不够科学等侵害居民健康权益的现象。如个别体育中心的游泳场馆内部分工作人员无证上岗,存在极大的运动安全隐患;个别县城城市的公共体育场馆被外部企业承包,但部分个体企业或承包商缺乏相应资质,场馆建设标准无法得到保障[15]。同时,由于基层体医融合服务部门的管理缺位、政府机构执法不严、监督部门的建议渠道不畅通等基层服务实践难点,部分地区体医融合健康服务的供给质量堪忧,表现为地方基层体医融合的统筹协同机制、监督管理机制不足。部分外包企业运营的公共体育场馆与健康服务项目价格偏高、工作人员服务态度较差,导致居民合法健康权益和诉求无从兑现。因此,从目前发布的相关政策与我国各地区实际的执行程度来看,体医融合服务监管运行机制不畅,难以大刀阔斧地推进体育与医学的融合。从微观层面上看,体育各领域都在飞速发展,竞技体育更是取得了尤为明显的成果,对运动员的科学化训练和医疗保障方面的成就也很突出,但是体育部门涉及医疗的行为却大都与医疗制度相悖。虽然体育与医疗相关部门已意识到存在的问题,但由于很多地区或单位受制于权限、利益等问题,双方的组织体系相互独立,缺乏相应的管理机制、沟通媒介、责任分担以及政策支持,部门间协作困难,难以走向融合。理念、技术、场馆等资源融合不足,特殊化的配套设施缺失,复合型体医人才短缺,国家经费投入少、资金来源单一等现象,均在一定程度上导致体医融合的推进工作处于困境中。

第二,我国的大健康产业起步晚、规模小、产业链不成熟、科技含量不高、产业附加值低,仍处于产业的初级发展阶段。中国健康产业远低于发达国家的水平,而且与大健康产业相关的产业链(如体育健身休闲、体育场馆健身服务等)占比差异大,不同层次产业链发展不均衡,协同性不足,且行业间、产业间建立的终端和平台在应用实践中互不兼容、相互割裂、融合度不足,与大健康产业经济配套的公共体医融合服务资源呈现碎片化状态。体医融合发展不仅要解决"有没有"的问题,还要解决"好不好"的问题。党的十八大以来,居民生活水平得到显著提高。然而,当前我国体医融合健康服务并不能满足居民的健康需要。一方面,部分老旧社区场地设施不足、服务发展滞后,只能满足人们的基本活动需求;另一方面,居民通过线上购买或享受到的体医融合相关服务存在质量不合格、标准不统一等粗放式发展问题。近年来,运动促进健康的观念逐渐深入人心,人们对于体医融合服务的需求,不再满足于社区为之提供单一化的体检或体育活动服务,而倾向于更加丰富的群众赛事参与、体育组织交流、科学健身指导、慢性病运动防治和运动康复咨询等多元化服务。新时期体医融合服务内容除了场地设施完善、社区管理优化和体质健康检测等,还应注意到体医融合服务在迈向多元化、普惠化、标准化等高质量供给时所需要的量变与质变。在市场配置资源机制下,资源的优化配置须以供需双方为参考、以合理调控为前提。

　　第三,社会发展存在一定的劣势,我国已进入全球公认的老龄化社会。日益增长的养老、医疗费用支出给我国造成了沉重的公共财政负担和较大的经济压力。我国社会负担显著加重,缺乏健全的公共体育和医疗配套融合的服务措施,也未能构建完善的养老与医疗相结合的支撑体系,公共体医服务基础建设和人民群众获取高质量健康的迫切需求仍然存在差距。我国体育与医疗卫生发展不平衡不充分的问题依然突出,体医融合区域服务供需协调性偏低,分别体现在区域供给失衡和整体需求扩大两个方面[16]。从区域供给方面来看,区域经济发展水平是影响体医融合服务发展的重要原因。体医融合服务主要集中在经济发展较好的城市,部分地区受经济发展水平制约,缺乏体育与医疗卫生设备、专业性人才和体医融合建设运营经费等资源,很大程度上制约了体医融合服务供给发展。从整体需求方面来看,慢性病蔓延和亚健康人群的持续扩大,使体医融合健康服务的现实需求日益增加。体医融合对慢性病防治起到关键性作用,可减轻基层健康治理负担、节省医疗卫生资源。而随着体医融合健康服务需求被进一步激发,体医融合总体供给不足、区域供需不匹配的问题也更加凸显,导致体医融合各环节、各领域、各要素之间出现偏差。体医融合发展协调性较差、供需不均衡亦会阻碍主动健康推进体医融合全面发展,因此,体医融合发展必须解决其协调性问题。同时,社会民众由于长期以来受传统思想的影响,"重医疗、轻运动"的被动健康理念依旧占据主导地位,通过运动健身预防疾病的意识不强,对体医融合公共服务也缺乏根本性认识和理解,社会民众基于体医融合的健康促进认识和健康素养亟待提高。在身体不适时,人们普遍倾向于药物治疗等医学方式,而非运动训练等非医疗干预。许多医生的诊断观念也以"医学补救"为主,拘泥于医学诊断与治疗,治疗方法及手段相对单一。一方面,我国从事医疗工作的人员大都缺乏体育锻炼的专业知识,在运动指导方面存在认知上的偏差和执行力严重不足；另一方面，我国体育工作者缺乏基本的医学知识，在指导健身的过程中，其专业水平和服务能力远不能满足特殊人群在运动健身方面的需求。人们对于体育的印象还停留在其竞技性上，而未重视其健身的效果，这会导致人们积极运动的意识不强，预防疾病的意识同样薄弱。另外，对于糖尿病、冠心病、高血压等慢性疾病，现代运动康复学的概念是，如果进行"适当调整"的运动指导，状态就会明显得到改善。但是，目前由于缺少体育作为非医疗手段的法律保障、体育系统和医疗卫生系统融合的协同机制，并且财政资源、人力资源、基础设施等资源配置仍存在"重医轻卫""重医轻防"倾向和缺少推进"体医融合"的管理机制、责任分担，各部门间合作及政策支持缺乏更细分化的措施和途径，因此推进"体医融合"之路仍困难重重。

第四，随着变革性技术的应用和社会经济的快速发展，健康需求日益成为未来经济增长的核心驱动力。"主动健康"已成为改善人类健康的新服务模式。尽管 3D 打印、人工智能等科学技术正在快速融入体育和医疗实践应用中，但语音识别、人脸识别、5G 通信等技术仍存在诸多技术劣势。例如"智慧体育""智慧医疗"等尖端技术的应用还停留在信息预约（挂号等）、原始数据检查、简单的运动健康评估和管理阶段。与真正的体育、医院等内部信息系统的技术融合仍有差距。作为一种高新技术和新事物，很多高科技精密智能机器设备还没有得到相关利益主体（医疗护理人员、老年人）的认知和熟悉，未能充分发挥技术在体育锻炼和医疗预防中的高效运用，市场转换率较低。我国体育培训和体育医学学术研究成果丰盛，但尚未全面转化成或服务于全民科学健身，科技成果专利法律保护也严重不足。在浙江、上海、四川、安徽等省份积极推广的体医融合数字服务平台的实践，虽然取得了一定的成效，但也逐渐暴露出体医融合服务资源配置调节不足的问题[17]。其一,体医融合服务平台中专业的医疗卫生服务资源较少,缺乏科学运动促进健康的信息指导,存在健身与医疗信息相互独立的现象。其二,社会体育指导员以及运动康复专业医生等人才资源短缺,致使体医融合服务平台在科学健身指导和运动处方制定等方面存在短板。如浙江嘉兴的"运动家"服务平台,在体育场地预订、体育社群交流、体育活动与体质测试参与等方面调整资源分配方式,增加了体育公共服务资源的可及性,却缺乏专业人才资源。其三,经费和技术等资源投入有限,致使体医融合服务平台存在功能少、信息滞后以及智慧水平偏低等问题。存在居民体质健康及体检报告等信息未及时同步等现象,更无法满足社区居民对场馆预约、社群交流、活动报名等的需求。针对以上问题,必须进一步提高各要素资源的配置效率,实现体医融合服务智能化发展。其四,缺乏科学统一、规范运行的监测标准、保健标准、行业标准、健康管理标准、执行标准等体医融合技术标准体系,导致智能终端和慢性病防治的数据信息平台交互标准不统一,监测数据准确性不高,体育和医疗信息数据未能高效互联互通。

第五,体医融合复合型技术人才缺乏,特别是从事保健体育、康复医学、运动医学、健康评估等的体医技术人才在基层社区、街道乡村非常短缺。将体育和医学两个学科领域的治疗方法、健康手段等有效结合,打造专业的体医人才队伍,改善居民的体质状况,减轻国家医疗负担,是提升国民健康水平、主动推进体医融合健康模式的基础。但目前我国在推进体医融合方面的力量存在着明显不足,因而亟须提高兼备两种知识的复合型人才的数量与质量。

体医融合作为一种新兴的综合性健康管理模式,尚处于初步探索阶段,虽然取得了一些进展,但也面临着突出的挑战和问题。在体医融合领域,相关的制度、政策和资金支持的缺乏,导致推动力度不足,限制了体医融合发展。体医融合需要医疗机构和运动机构之间的紧密合作。然而,传统分工的中断,两个领域的合作尚未形成良好的机制,导致资源的短缺且影响了资源的共享。社会大众对于体医融合的认知仍然比较薄弱。很多人仍然将体育和医疗视为两个独立的领域,缺乏对整合的理解,这也影响了体医融合模式的推广和接受度。体医融合需要具备跨领域知识和技能的专业人才,以及具备医学和运动科学知识的健康融合管理人才。然而,目前相关人才体系的缺乏,限制了体医实践的发展。体医融合作为一种新兴模式,尚缺乏充分的科研和临床证据支持,限制了体医融合的推广以及社会大众对体医融合的认可。综合来看,虽然体医融合在我国取得了一些进展,但仍然面临着挑战。解决这些问题需要政府、医疗机构、体育机构等各方共同努力,制定相关政策,加强合作,提升认识,加强人才培养,并加强相关科研和实践,促进体医融合的全面发展。

三、体医融合的发展机遇

在新时代背景下,我国现行国民健康保障体系面临巨大挑战,“生活方式病”已经成为当代人健康的“头号杀手”。面临人类疾病谱的变化,现代医学模式急需变革,医学界开始反思和探索医学发展模式和方法。近几十年来,不断涌现出自然医学、补充和替代医学、循证医学、精准医学、整合医学等新概念、新思想[18]。经过社会各界的努力,人们逐步形成了唯有发展健康医学模式才能更好地治疗慢性非传染性疾病的共识。被动防守不如主动出击,让国民不生病、少生病、低成本治病才是国民健康保障的根本方案。

我国老龄化程度日益加深,各种慢性疾病、突发性疾病患者增加,特别是慢性疾病患者的"激增",增加了我国的医疗负担,甚至导致公共健康危机。数据显示,2021年我国人口中患有各种慢性病的约1.9亿人,各种非传染性慢性疾病的医疗负担占总负担的70%,可见体医融合发展是社会的需要[19]。体医融合为体育学科提供手段和方法,为医学学科提供思路和路径,用医学的思维方法和知识体系将常见的体育运动方法进行归纳和总结,使其更加具有针对性、实用性和科学性。作为体医融合的典范,运动医学服务领域应从竞技体育逐渐拓展至全民健身、群众体育中,致力于"发挥全民科学健身在健康促进、慢性病预防和康复等方面的积极作用",旨在将医学干预模式从以治病为中心向以健康为中心"智慧化"转变。针对不同年龄、不同环境、不同身体状况的人群,完善体质健康监测体系,开发应用国民体质健康监测大数据,开展运动风险评估,建立运动处方库,探究运动处方的量效关系,降低运动风险,做到真正的科学运动,不断推动形成独特的疾病管理与健康服务模式。运动处方作为运动医学促进健康的有效应用之一,在科学指导健身中发挥着重要作用,不同人群的身体素质、机能不同,青少年、老年、男性、女性等人群均存在不同运动健身需求,运动处方个体化实施是保证科学健身的前提条件。

运动作为慢性病干预的重要手段之一[20-21],已得到专家组的高度认同。2017年6月,国家体育总局等印发《"十三五"卫生与健康科技创新专项规划》,正式将主动健康列入专项规划。专项总体目标指出,"以主动健康为导向,重点突破人体健康状态量化分层、健康信息的连续动态采集、健康大数据融合分析、个性化健身技术等难点和瓶颈问题"。同时强调提出,体医融合是加快落实习近平总书记关于"全民健身""健康中国"战略的重要指示精神,推进健康革命和回应群众健康关切的需要。体医融合强调"体育防患未然,体医手段并用"的防病治病理念,体医融合的进一步深化,将从体育竞技中挖掘出体育本有的健康促进优势，转变现代医疗"重医轻防"的传统观念。此后出台的《全民健康生活方式行动方案（2017—2025 年）》《"十四五"健康老龄化规划》《中国防治慢性病中长期规划（2017—2025 年）》《健康中国行动（2019—2030 年）》《全民健身计划（2021—2025 年）》等行动计划（规划）均提出，积极促进"体医融（结）合""体卫融合"，构建疾病管理与健康服务发展模式。此外，《国务院关于实施健康中国行动的意见》（国发〔2019〕13 号）明确指出，加快推动从以治病为中心转变为以人民健康为中心，实施健康中国行动。《"健康中国 2030"规划纲要》和《健康中国行动（2019—2030 年）》充分体现了主动健康的理念，切实提高国民健康水平。可见，国家政策着力满足国民对运动健身、追求健康生活的迫切需求，同时标志着主动健康将成为我国未来健康保障体系的重要组成部分，也为我国体育和医疗两大事业的发展、融合提供了全新的机遇。

此外，随着我国人口老龄化的加剧，医疗、康养、护理等问题必须解决。体医融合作为慢性疾病预防、康复管理和健康促进的准公共产品或服务，可以满足老龄化社会慢性病患者对多样化、个性化、特殊健康服务的迫切需求。为应对我国的老龄化社会，国家鼓励社会资本投资"医养结合""健康与护理结合""体医结合"等大型健康产业，社会认识不断深化。多项政策有效利用了万亿级别的体医服务健康产业和健康智慧产业市场。利用健康大数据，建立非传染性慢性病管理与体育数据相结合的主动健康预警机制。通过互联网、物联网、大数据、云计算等现代技术，运用智能化、网络化的信息技术，实现智慧体育、智慧推广设备、智能健身等体育服务。身体健康监测、疾病预防、慢性疾病预防等智慧医疗正在扩大。中国经济将朝着高质量发展、专业特色发展迈进，公共卫生基础设施投资建设不断加大，产业规模不断扩大，国内健康需求不断膨胀，为我国的智慧健康产业也提供了经济支撑和良好的转型方向。与此同时,民众公共卫生意识和保健素养的提高也为体医融合带来了机遇。随着社会民众健康消费意识的提升和个体健康意识的逐渐醒悟,尤其是"治未病"、疾病预防、非医疗健康干预理念的社会宣传与大众普及,社会民众对体医融合健康促进的思想认知与健康效用有了更深层、更直接的认知和期许。大量时尚新潮的智能可穿戴体育用品和医疗传感设备等在群众中得到应用和普及,使更多人主动加入到运动和预防疾病的健康治理热潮中,这为主动健康推进体医融合创造了良好的社会发展机遇。

体医融合要打破原有医疗卫生系统和体育系统的分割限制,是一次公共健康服务的全要素质量升级和协同增效。作为一个巨系统,体医融合体系不仅在结构上与传统模式有显著差异,其功能和属性也需要进一步深化和明确。为了实现这一目标,需要深入探讨体医融合的内涵与特征,理解其本质属性和基本规律,明确体医融合的战略愿景、价值观、目标,以及需要紧急解决的任务。主动健康医学认为人体是一个综合体,包括躯体、精神情绪、心智、社会性等多方面因素,而不是简单的器官、细胞、分子的累加。因此,要想实现主动健康医学,就需要发展跨学科系统和关键技术的独立应用。在这个背景下,我们急需认清和解析主动健康推进体医融合战略的内在和外部因素的影响,明确主动健康推进体医融合所面临的问题和挑战,阐明其现实意义和时代价值。同时,需要建立主动健康推进体医融合的机理路径,建立全社会共同参与运动促进健康的新模式,从而为主动健康推进体医融合的战略定位和发展提供理论基础。

第二章

主动健康与体医融合的内涵阐释

一、主动健康

(一)主动健康的概念及定义

追溯现代医学模式的演变轨迹,可以发现基本的逻辑是以生物学为基础、以分析为手段的现代医学,同时,现代医学的发展是一个从条块分割到一体化的自我否定的过程。根据《科学技术词典》对医学的描述,"医学是以保护和增进人类健康、预防和治疗疾病为目的的科学知识体系和实践活动"[22]。"医学"的英文"medicine"指的是处理人健康定义中人的生理处于良好状态相关问题的一种科学,是以治疗预防生理疾病和提高人体生理机体健康为目的的。如同其他医学模式的发展,主动健康的使命亦在医学范畴内。2015年,科技部联合多部门颁布的《数字医疗行业发展"十三五"规划》中首次提出"主动健康"的概念,率先将主动干预作为控制慢性病、老龄化的重要方式。随后,不同领域的各专家结合学科特点为主动健康赋予了不同的定义。李祥臣在主动健康的相关研究中指出:主动健康是通过对人体主动施加可控刺激,增加人体微观复杂度,促进人体多样化适应,从而实现人体机能增强或慢性非传染性疾病逆转的医学模式[23]。在关于老龄化的研究中党俊武曾提出:主动健康是一种关注躯体、精神和社会的综合功能,重视个体主观行为的持续性参与,关切生命质量和终身价值的健康观[24]。全科医学则认为:主动健康是一种基于整体医学观,关注人体的微观复杂性和个体的主观能动性,侧重于利用现代信息技术动态监测居民健康状态变化的医学模式[25]。主动健康管理科学学者认为:主动健康管理是通过自我积极构建健康素养体系(基本健康知识和理念素养、健康生活方式和行为素养及基本技能素养)并养成良好行为习惯的途径,主动获得持续健康的能力(包括愉悦的身心状态和良好的社会适应能力)[26]。此外,还有部分学者也对主动健康概念进行了界定(见表1)。

表1 不同学者对主动健康概念的界定

概念界定者	定义
李祥臣等	"主动健康"是通过主动使人体处于可控非稳的"远离平衡态",从而激发人体自组织能力,以达到消除疾病、促进健康的医学模式
弓孟春等	"主动健康"提倡以"人人参与、人人尽力、人人享有"等多方参与的形式,建立正向激励及负面反馈机制,减少对医疗干预的依赖性,提升公民健康水平,促进全面健康管理的发展
党俊武	"主动健康"是关切精神、社会和身体三位一体的整体健康状态,尤其要强调精神能力的重要引领作用,充分发挥个体能动性和积极持续参与,养成健康的行为生活习惯,更加关注生命质量与终身价值
张倩倩等	"主动健康"是以卫生健康行政部门为主导、个体为单位、多部门共同合作,全民参与,通过提升个体健康素养、养成良好的健康行为习惯等方式,促进个体发挥主观能动性、重视生命质量并持续参与健康维护的整体医学观
孙璨等	"主动健康"是以整体医学观和中医"治未病"为理论指导,以现代科技为支撑,坚持政府主导,调动社会和个人的积极主动性,通过开展健康干预、养成健康习惯、创建健康环境,实现更高水平的全民健康的实践活动和医学模式
方朝晖	"主动健康"是指人们在健康的状态下,通过接受健康知识教育、养成健康习惯,发挥自身主观能动性去争取健康、保持健康。主动健康相较被动健康而言,是人们有效面对健康风险的必要途径,是人们在患病前通过学习健康知识,形成健康的理念,从而养成积极的生活行为方式,强调在主观上争取自身健康

综上所述,这些定义阐明了以下要点:①个体作为有机整体,是主动健康的实施主体;②激发个体的主观能动性、养成健康生活方式是主动健康的工作重点;③促进全民健康是主动健康的最终目标;④主动健康是新型健康医学模式。

基于对主动健康的概念、自然特征、含义和范围的综合，我们提出以下定义：主动健康的核心是"主动"，是人类内在的"自我驱动"，是人类自发自觉地选择健康行为的能力，其目标和结果是"大健康"，即全人群、全生命周期、全过程的健康。主动健康是人类围绕一切健康展开的社会活动的总和，包括在源头控制健康危险因素，在过程中创造健康价值，在一切社会活动中积极应对人口安全危机，是一种关注躯体、精神和社会的综合功能，重视个体主观行为的持续性参与，关切生命质量和终身价值的健康观[27]。主动健康主要强调四个观点：一是个人是健康的第一责任人，要向每个人普及健康理念和知识，提高个人健康素养；二是医疗卫生部门要主动服务，变被动医疗为主动健康，积极开展早筛查、早干预工作，推进疾病预防诊治关口前移；三是医疗可以通过多学科交叉与非医疗相结合，形成及时高效、持续放大的医疗康养服务新模式；四是全程管理、连续服务，医疗和健康是终身的，每个人都需要养成终身受益的健康习惯，医疗和康养提供方需要提供全生命周期的服务、随访和管理。

在主动健康的模式下，个体是主体，但个人对健康的兴趣往往表现出有限的、理性的状态，直到发病时，人们才感受到健康的重要性。主动健康激励个人通过自我意识和管理获得健康意识、健康认知、健康知识，积极适应健康潜能；同时，外部环境的支持在调节个体活动中起着重要作用。主动健康的主要工作方向是让个体从医院走向室外，从社区走向家庭；其服务范围从患者扩大到全人群，包括亚健康人群和健康人群；服务时间是从胚胎发育到生命终结的整个生命过程；保健服务不仅仅是治疗疾病，而是提供健康教育、预防、诊断、护理、康复和养老的全过程，体现了以人为本的理念。卫生服务供给将从单一的医疗卫生机构向政府、社会、医疗卫生机构和市场卫生资源的多元化供给转变；健康干预的手段将着重于非医疗干预措施，如体育运动、心理健康和健康教育。将健康关口前移,并非忽略对患者的临床治疗,而是整合促进健康和临床治疗,积极关注、预防健康风险的源头,减少生命早年经历的健康劣势累积对整个生命历程健康的影响。

(二)主动健康的内涵

从医学观层面来看,主动健康被认为是主动预防疾病。其中,医学层面的主动健康实践主要依靠人体细胞、组织和器官之间的协同,通过协同协作的变化,抑制和抵抗亚健康的出现,促进病前预防。

从行为观角度来看,主动健康不仅变革了促进健康理念,更科学地实施健康行为和树立健康意识。通过科学的运动训练,才能应对疾病的发生;根植于科学合理的健康生活方式,才能促进主动健康,改善人体机能。

从实践理念来看,"治未病"、整体观、适当干预、预防、健康服务、智慧医学等健康干预是主动健康理念的指导原则。此外,为了确保高标准和高质量的举措在实施过程中达到预期的健康效果,必须坚持科学依据,为人们提供持续、可及、个性化和终身的健康服务。在教学理论上,综合医学要求从整个人类的角度,从临床、心理、环境等多方面提供最佳的全科护理,这是主动健康的重要理论支撑。严格执行以预防为主的主动健康方针,朝着整体性、一体化、多元化的方向发展。主动健康的概念也表明,使用智能医疗,如可穿戴设备、持续自动监测设备等可以帮助人们管理自己的健康,可作为一种健康生活方式导向的医疗模式。它代表了主动健康干预技术的根本变化,包括在医疗保健中使用物联网、可穿戴设备、大数据等,为持续、全面、动态、实时监测和反馈个人健康状况,以及识别健康危险因素提供强有力的技术支持,这是健康服务发展的一大趋势。

从参与主体来看,主动健康强调的是主观能动性,是人们对事物的主动认识和改造,即自愿选择、接受和实施健康干预。主动健康需要通过政府、组织、社区、家庭和卫生保健提供者等多方利益相关方合作并促进。这种模式有两个主要特点:一是中心主体搭档的变化。主动健康的核心主体是个体,即个体在健康行为中承担主观责任,提高自我修复能力和健康管理的主动性,全面增强人体机能,从而达到预防和治疗疾病的目的。因此,提高个人管理健康的能力,做出适当的健康促进决策,并继续自己的健康行动是很重要的。二是角色功能的转变。虽然个人是主动健康行为的主体,但政府和相关部门是"秩序维持者",负责维护卫生保障体系和卫生环境。医疗技术人员和社区工作人员更接近教练和朋友的角色,他们根据个人不同的健康需求提供适当的健康选择和强有力的健康保障。总体而言,该模式具有供给与需求并重的特点,以个人健康经验和健康需求为内力,以健康责任和社会支持为外力,提升个人的自我激励力量,触发个人的自我健康行动。

从实施路径上看,主动健康干预的理念和模式具有多元性和复杂性,需要多方主体的团结合作、资源的协调高效利用及共同实施。通过确立政府主导作用,强调个人生活方式的改变,建设健康社区,以实现全民健康关键路径。综上,主动健康是促进整个社会健康的重要实践,以公众的多元健康需求为指导,其建设路径超越了对个人行动的关注,还涉及广泛的社会和环境干预。具体来说,它分为三个阶段:一是营造健康的环境。良好的健康必须建立在良好的自然环境、和谐的社会环境和强大的公共卫生体系之下。其中,公共卫生体系的完善将从关注传染病的传播扩展到关注人类健康问题,实现公民健康权利和健康责任的合理分配,不仅要提高全国人民的健康水平,还要不断提高人民的生活质量。二是参与主体合作。在实施过程中,政府和有关部门要积极引导资源,统一规划,运用政策工具,有效调动社会和个人的参与,统筹合作。三是强调积极健康不仅是指个人的身心健康,还包括社会环境健康。因此,干预工具应在医疗干预的基础上,结合个人健康管理(如营养、运动、睡眠等)、危险因素预防、疾病筛查、临床诊疗、环境保护、法制完善、公共卫生建设等。

从健康结果来看,生活质量、自我效能、健康能力等反映了主动健康需要统筹兼顾个体健康和社会效益:以人为本的健康结果主要是提升健康能力和自我效能感、注重增强健康意识、提高生活质量等;社会效益主要体现在集体健康水平的提高、医疗体制压力的减轻、卫生技术的创新、健康产业的发展等方面。个人健康水平的提高可以带动整体健康素养的提高,促进形成健康的生产生活环境;同时,日益改善的健康环境将为个人在追求健康的过程中提供多种选择,并为巩固社区健康提供重要支撑。

综上所述,主动健康是指在整体医学观的理论指导下,在现代科学技术的支持下,坚持政府的领导,激发社会和个人的主动独立性,做出健康干预,养成健康习惯,创建健康环境,从而实现更高水平的全民健康的实践活动和医学模式。主动健康模式下的医疗机构将作为保障居民健康的重要主体,负责制定和实施健康规划、开展疾病预防和治疗,并在实施积极健康倡议的整个过程中指导卫生知识普及。主动医疗服务模式是以患者为中心,以提高医疗服务质量和医疗安全为核心,提供主动、快捷、便捷的服务。由于该模式主要以医疗服务为中心,因此其内容类别仍以患者和医疗服务为主,并没有包括所有与主动健康相关的目标和服务领域。

(三)从被动健康到主动健康

主动健康是一种基于整体医学观的医学模式[23],关注人体的微观复杂性和个体的主观能动性,侧重于利用现代信息技术对健康状态变化进行连续的动态信息收集和趋势分析,将家庭和社区作为主动健康管理的基地,通过实施干预,促进个体自我组织的多元化适应,增强人体机能和促使疾病逆转。"以治疗为中心"是被动健康,"以健康为中心"是主动健康,主动健康就是要有一个健康的生活方式,简单来说就是既要"管住嘴"还要"迈开腿",以此预防和治疗慢性病。体育运动是主动健康生活方式非常好的形式之一,要建立一种持续运动的观念,促进身体健康,只有身体好了才能更好地学习和工作,才能享有更高的生活质量。目前,从被动健康向主动健康拓展的过程中,逐渐出现了两种观点:一种观点认为主动健康本质是一种医学模式,即主动健康是通过主动使人体处于可控非稳的"远离平衡态",激发人体自组织能力,以达到消除疾病、促进健康的医学模式[23];另一种观点认为,主动健康的本质是以体育为内核的主动健康干预方式[28]。

　　主动健康与被动健康在思想维度、时间维度、结构维度、参与主体等方面均存在很大差异。被动健康观其实是人们在漫长的短寿时代和年轻社会条件下的认知成果[24]。在传统生物医学模式下,人们在思想上对健康的认知往往停留在没有疾病的层面,这种态度表现为健康信息获取不足、缺乏明确的健康规划、不明确的健康责任分配以及健康行为执行力度较弱。此外,基于这种传统模式,人们对疾病防治缺乏前瞻性、有效性的预防措施。随着医学模式的转变,健康的内涵不断丰富。群众的"被动治疗"行为实质上就是不主动获取基本的健康信息和实施有利于健康的行为,直至身心患病才接受治疗,思想还停留在"治已病"的层面。被动接受健康信息者对于疾病预防、急救常识、保健养生等健康信息是"有则看,没有则不关注"的态度,虽然当前是信息高速传播的大数据时代,但能够主动搜索健康信息的人少之又少。在日常生活计划中,被动健康者对饮食、作息等关乎健康的各个方面,没有进行细致的考虑和合理的计划。被动健康者即使知道某些行为是不健康的,依然依从于自己的喜好,不能克制不良行为习惯,也很难长期坚持健康行为。同时,被动健康者存在侥幸心理,其总认为疾病离自己很遥远,没有必要担心自己的身体状况,也没必要健身,直到身体出现不适,才慌忙求医。而主动健康者是自身有获取健康信息和保持健康的强烈愿望,并且能够自觉、主动、积极地采取有利于预防疾病和促进健康的举动,思想层面已从"治已病"转向了"治未病"[29]。同时,主动健康者可以利用熟悉的资源和渠道收集、组织、消化和操作健康信息。例如,听健康讲座,阅读健康书籍,向医务人员咨询,通过互联网了解健康知识,学习医学常识和急救技能等。主动健康者会从多个方面为自己制订合理的健康计划,例如饮食平衡计划、锻炼计划和心态平衡计划等,既重视身体健康,又保持心理健康。主动健康者还会进行持续的健康行动,永远不轻易放弃自己的健康计划,珍惜并增加在健康上投入的时间和金钱。主动健康在时间维度上表现为对全生命周期的健康监测、分析预测、评估,与被动健康相比,主动健康更侧重于预防,将健康的关口前移到患病之前,在不同的生命时期采取不同的健康干预,这也意味着能极大地降低健康成本。在结构维度上,主动健康关注身体—心理—社会三位一体的健康状态,区别于被动健康将健康等同于身体指标正常的观念。在参与主体上,主动健康表现为"管、供、需"三方共同发力,充分调动各方主动参与,而非被动健康的"以医院、医生为中心"。

此外,主动健康与被动健康相比有四个重要转变。一是服务理念由以疾病为中心向以健康为中心转变。二是服务对象由以病人为中心转向以人为本,体现健康全生命周期。三是整合多种服务的实体,如健康管理、体育运动、老年人护理和教育等,成为新的服务提供者。四是服务内容从单一疾病诊疗向涵盖疾病预防、诊断、治疗、康复、护理、健康维护的全健康服务链转变。从被动健康到主动健康,个体在健康管理上的转变,凸显了个体在维护自身健康方面的积极性和能动性。这种转变在健康管理中越来越受到重视,因为它降低了健康风险,提高了生活质量,减轻了医疗资源的压力。主动健康是基于体育的核心驱动建构起来的一种更加积极主动的健康干预方式。因此,要彻底地从被动健康的观念束缚中解放出来,依据主动健康的价值基础和逻辑关系建立以体育为驱动的主动进行健康干预的活动。在推动从被动健康到主动健康的转变过程中,发挥教育和健康宣传的关键作用。通过提供健康知识、鼓励健康行为,个体能够充分认识健康的重要性,积极进行健康管理,从而实现全面的、主动的健康状态。最后,主动健康的提出有利于大众健康意识的转变以及觉醒,进一步提升了人类对自我生命的认知及调控能力。但是,我们并不能全盘否认被动健康的认知观念,在进一步推进主动健康观的前提下,要深入理解过去的健康观念,在过去的观念下建构更高层次的人类健康行为演化机制理论,在原有的基础上更新人类健康观念,从而更深层次地对人类健康问题进行审视。

综上所述,主动健康将坚持"以人为本"的原则,由被动服务模式转向主动服务模式,为居民提供便捷、优质的公共卫生服务,从而实现体育公共服务的主动性。主动健康有四个方面的意义:第一,主动健康是按照国家"广泛开展全民健身活动"的精神,贯彻"疾病防治重心前移"的理念,提前干预,及时控制疾病的发生及进一步演化。第二,主动健康倡导"零级预防"的理念和方法,同时完善三级预防体系,增强居民积极健康和疾病预防意识。第三,主动健康可以为当地居民提供完整的健康服务,从社区居民的健康状况到疾病发展和康复的各个阶段,主动健康可以及时了解社区居民的身体健康状况,在此基础上对各个阶段相关疾病的风险进行科学评估,并根据评估结果给出运动康复措施。同时满足积极、多层次的健康需求,使人们远离疾病,增进个人身心健康。第四,主动健康可以推动健康理念、健康服务模式和健康产品的创新,带动社会各种资源积极参与,创造健康产业的全新动力。目前,已有机构和单位利用信息技术和网络技术,与体育、医疗机构合作,通过健康档案管理、远程健康监测等,为居民提供健康服务。

(四)主动健康的特征

主动健康的本质特征深刻体现了以人为本的基本理念,每个人都是自己健康的第一责任人,要主动开展生命过程中的功能维护、危险因素控制和健康行为干预等,实现个体的主动健康并促进全民健康,具有突出的自我管理性、广泛参与性、早期预防性以及主动干预性等四大特征。自我管理性是指主动健康重视个人主观能动性,提高健康素养,遏制健康风险,加强个人健康管理。广泛参与性是指主动健康的参与主体包括卫生管理、改革、教育、体育、住房、建设、环境等有关部门和社会力量,共同参与提供健康服务,营造健康环境。早期预防性是指主动健康关注个体的纵向、整体健康趋势,准确评估和预测健康风险,发现亚健康和疾病的初始状态,减少危害发生,从而提高健康管理的门槛,实现医疗服务的延迟[30]。主动干预性是指主动健康倡导零级预防,在人群层面进行早期健康干预,特别是非药物干预,并在疾病早期控制风险因素和大部分医疗保健费用。

在主动健康理念指导下的医疗保障模式更加侧重于前瞻性预防、精准化制定、个性化服务、主动性开展、共建共享开发以及自主自律要求方向的发展。其中,主动性开展是主动健康的所有特性中的核心要素,是指个体、行业和社会充分发挥主观能动性,围绕"以健康为中心"的理念,促进公众健康,建设健康中国。前瞻性预防通过健康促进措施的组合减少疾病发生,通过及时诊断和治疗减少不良预后,以及在疾病发作后通过采取主动和被动措施进行康复。精准化制定意味着将现代技术与传统医学手段相结合,综合评估个体各类危险因素的暴露风险及个体的健康状态,通过高效、安全、经济的健康服务,为个人和社会带来最大的健康效益。个性化服务是指提供多样化、多层次、有针对性的、量身定制的健康服务。共建共享开发是指团结各行各业力量,统筹个人、行业和社会三个层面,将健康融入万策万业,形成强大合力,全方位促进健康,实现健康的共建共享。自主自律是指充分发挥个人主观能动性与积极性,让每个人都积极参与并坚持健康的生活方式,提升个人健康素养。

(五)主动健康的实践行为

健康中国的核心首先是人民的健康。健康的内因主要是遗传因素,如父母双方有近视,子女多有近视;家族遗传病等,也有一定的概率会传给下一代[31]。健康的外因主要是社会环境、自然气候、医疗条件和生活方式等,其中最主要的就是生活方式。也就是说,不良的生活方式和人的死亡有直接关系[32-33]。如今,我们的生活环境发生了很大的变化,身体活动越来越受限。例如,我们常常选择乘电梯上楼而不是走楼梯,出门时更倾向于乘车,连最基本的家务活也常常用机器完成。这些碎片化活动的减少,实际上很大程度削弱了我们主动参与体育活动的机会。众所周知,良好的生活方式是身体健康的重要保障,主动选择健康的生活方式意味着增进健康,意味着降低未来不可预知的疾病所带来的痛苦;而默默接受不良的生活方式则会对身体健康产生危害,甚至引发不可预知的疾病。生活方式的选择源于自己的主观决策,同时,在选择不同生活方式的过程中也应考虑到对其后果是否有一定的承受能力。

医疗机构是保障居民健康的重要主体,其作用贯穿主动健康实施的整个过程,从健康计划制订到实施、从疾病预防到治疗,以及在健康素养提升、健康行为养成等各个阶段均发挥着重要作用。近年来,我国卫生服务机构的诊疗能力明显提高,但是,慢性非传染性疾病的经济负担仍不断增大[34],"看病难、看病贵"的问题依旧严峻。医生能够给予患者的指导局限于医院内,患者在医院范围以外进行有规律的身体活动对于疾病的康复非常重要,而这部分目前是相对缺失的。同时,医生对患者运动指导的积极性不高,使得患者对治疗方案的依从性很低,这都在一定程度上影响了患者康复的效果。而且对于很多慢性病患者来说,其终身都需要运动康复,但是单一乏味的运动使其难以长久地坚持下去。因此,居民逐渐意识到,仅仅依靠提高疾病诊疗技术实现全民健康是不可行的,疾病的预防才是促进健康的关键环节。在这样的背景下,主动健康实践就显得大有可为。健康的生活方式是实现主动健康的重要因素[35],其中,健康饮食、合理运动、健康睡眠和积极情绪可以提高全民健康素养。积极引导居民主动选择健康生活方式,是实现疾病预防和早期治疗的重要途径。

1. 健康饮食

健康的生活方式要从健康饮食开始,因为饮食是维持人体生长发育和身体健康、延缓衰老、延长寿命的物质基础。健康饮食和饮食干预也是实现主动健康的重要途径。营养是维持生命与健康的物质基础。人类从胚胎发育开始直至衰老死亡的全部生命过程中,营养自始至终都起着重要的作用,是决定人体素质和健康的重要因素。合理的营养是使人们的智力和身体潜力得以充分发挥的先决条件。营养不仅会影响固有遗传的表达,即基因的表达,同时还会影响遗传物质,改变遗传性状。当前,营养过剩是导致肥胖、糖尿病等慢性代谢性疾病发病率升高的重要因素,直接影响人类健康。人类在整个进化过程中,通过不断地寻找、选择食物,改善膳食,提高健康水平。因而人体

34

在营养物质的生理需要和供给之间建立了平衡关系。一旦这种平衡关系失调,就会影响人体健康,所以维持合理膳食对健康非常重要。医学上认为,人类进食最重要的是必须合乎大自然运转、人体生理的规律,否则,健康人可因饮食不当而致病,病人则会因饮食不当而影响病体的康复,甚至加重病情。从饮食对人体的影响看,人们在选择食物或烹饪食物时,应当考虑到时令、地域、个人体质特点及食物的特性等因素,遵循"四因制宜",即因天、因地、因人、因物制宜的原则。

一年四季的天时变化,对人体机能有重大影响。人体在损耗机体机能的基础上,通过自我调节生理平衡能使机体适应天时的变化。但是,如果食物不当,则会加重机体的负担,扰乱人体机能甚至致病;食物相宜则可减少机体机能的损耗,使身体保持健康状态。如在夏天炎热时,吃凉性食物有助于提高机体对酷暑的耐受力。而在冬季,则应少进食寒凉性食物,多食温热性食物。

饮食干预是防治代谢性疾病、心脑血管疾病、肿瘤和阿尔茨海默病等重大疾病以及延缓衰老、延长健康期的有效手段。良好的饮食习惯包括以下几点:一是注重食物多样性,以谷类为主,粗粮和细粮搭配。每种食物营养成分不相同,至少可以提供一种营养物质,可以经常搭配一些粗粮、杂粮和全谷类食物。二是多吃水果蔬菜和薯类。蔬菜水果是维生素、矿物质、膳食纤维和植物化学物质的重要来源,水分多,能量低。薯类含有丰富的淀粉、膳食纤维以及多种维生素和矿物质。这些对保持身体健康,保持肠道正常功能,提高免疫力,降低患肥胖症、糖尿病、高血压等慢性疾病的概率具有重要作用。三是多吃奶类、大豆及其制品。奶类营养成分齐全,组成比例适宜,容易消化吸收,含有丰富的蛋白质和维生素,含钙量也较高,且利用率高,是膳食钙质的极好来源。大豆含丰富的蛋白质、必需脂肪酸、B族维生素和膳食纤维等。四是常吃适量的鱼、禽、蛋和瘦肉。这些均属于动物性食物,是人类优质蛋白、脂类、脂溶性维生素、B族维生素和矿物质的良好来源,而且氨基酸组成更适合人体需要。但动物性食物一般都含有一定量的饱和脂肪酸和胆固醇,摄入过多会增加患心血管疾病的风险,所以也不可过多食用。五是减少烹调油用量,吃清淡少盐的膳食。脂肪是人类能量的重要来源之一,并可提供必需脂肪酸,有利于脂溶性维生素的消化吸收,但是脂肪摄入过多会引起肥胖、高血脂,其也是冠心病等慢性疾病的危险因素之一,所以不能摄入过多的动物性食物和油炸、烟熏、腌制食物。六是吃新鲜卫生的食物。放置时间过长的食物可能会变质,并产生对人体有毒有害的物质。另外,卫生条件差的食物中也可能会混入致病微生物、寄生虫和有毒化学物等。少吃加工厂加工制成的食物,这些食物含有较多的食品添加剂且有加工过程不卫生等隐患。保证食物的新鲜和卫生可以防止食源性疾病,也是实现食品安全的根本措施。

在我们的生活中,食物是我们每天必需的东西,而健康饮食又是我们健康生活的基础保障,饮食干预可以调控我们的健康,所以我们在饮食方面不仅要吃好,还要吃得有营养,理解营养互补对我们的重要性,并养成良好的生活方式和健康的饮食习惯。

2. 合理运动

运动是主动健康的价值基础和动力源泉,其通过主动的方式实现个体的健康目标。运动绝不仅仅是健康的一种促进手段或工具,而是更具有本体价值的一种社会系统。健康饮食、合理运动、健康睡眠和积极情绪是健康人生的基本要素,在这四个要素中,运动是轴心,同时也是把控健康主动权的最关键的手段。运动在提高国民体质健康水平、预防疾病上发挥着重要作用。世界卫生组织已明确提出体力活动和运动是预防和治疗慢性非传染性疾病的低成本有效策略。因此,运动的重要性不仅在于它提高了人的身体素质,更关键的是它有助于提高整体健康水平。所谓"上医治未病",健康观念要从以治疗为中心转变为以健康为中心,关口前移,重心下沉,这样才能实现全民健康。在个体康复方面,除了医学方面的康复,还应该包括体育在内的主动健康干预方式。医学康复的目的是让患者恢复健康或体质更强,而体育锻炼也可以使人强壮,只是两者的手段略有不同[36]。随着医学研究的深入,临床上发现主动健康对多种慢性疾病的治疗有巨大的、非医学手段能比的作用,而且还发现人的运动能力、身体素质与人的寿命、恢复能力有很大关系,运动能力差的人的自然死亡率比运动能力强的人高出多倍。如相同手术在身体素质强的人身上,治疗效果更好;在进行某些手术前,医生还会建议患者先进行一段时间的主动健康干预,再接受手术治疗,这肯定了运动作为主动健康手段在疾病防治过程中的重要作用。运动可以改善心肺功能、骨质密度、脂质代谢,还能改善肠道菌群结构、提升组织修复能力,有效延缓衰老,也能减少老年人跌倒后受伤的风险,帮助控制高血糖、高血压等慢性病。运动可以引起体内生物化学的某些变化,如血浆中内源性的拟吗啡类物质(如内啡肽、多巴胺等)含量升高,可以使参与者获得愉悦、欣喜、轻松等心理感受。因此,运动可以加强积极的情绪,让我们感到快乐,同时又能够释放、转移、缓和负面情绪,可以帮助缓解焦虑、抑郁等心理问题。运动也可以改善物质成瘾,如减少对烟、酒等的依赖。因此,运动被纳入医学治疗手段的范围之中。

运动虽然被认为是医学治疗方式,但要合理运动才有助于身心健康,不合理的运动方式反而会造成不良后果。只有坚持科学、实效的运动原则,采取针对性的运动计划,才会达到锻炼和促进身心健康的目的。换言之,已经患有疾病的人一定要在医务人员指导下,根据医务人员开具的运动处方,以合理的方式适量地运动。因此,体医融合的概念变得尤为重要,它可以帮助医务人员根据不同的基础疾病和不同的年龄段开具个性化的运动处方。

如果要安全地运动,就要做好运动前体检,制定正确的锻炼方案,评估身体状况,定期进行生理和病理情况的检查,等等。同时,要达到安全运动目标,就要选择合适的运动类型和运动强度,充分使用运动器材及选择安全的运动环境,而且要合理选择身体活动的时间、场地和方式。运动时,应当遵循如下原则:①经常性原则。一般来说,每周应保持一定的运动量,以每日适量运动为宜,每周至少应维持3~5天的运动天数,这样机体会进行有效、适应性的调整,达到更好的锻炼效果。②适量性原则。在确定每周的运动时间的基础上制订合适的锻炼计划,明确个人所能承受的运动负荷强度。保持运动强度适宜,合理安排运动量,进而满足个人的运动需求。③协调性原则,也可称为合理性原则。运动方式应"因材施教",运动参与人员应当选择一项或多项适合自己的运动,同时注重加强全身性的锻炼,确保不同的器官和身体部位得到较为全面且富有针对性的锻炼,否则很容易造成运动损伤,得不偿失。④安全性原则。任何运动都应在确保安全的前提下进行,否则轻则会导致我们的锻炼计划搁置,重则会造成严重损伤。比如,慢跑应在安全的场所进行,登山应做好个人防护,瑜伽应注意运动姿势和方式。首先,根据运动原则,应在正确的时间进行体育运动,比如一般一天最佳的运动时间为下午3点至5点,早晨6点左右及晚间8点左右也是可以进行运动的,并且高强度运动应当在饭后2小时进行,中等强度运动可在饭后1小时进行。早晨运动的持续时间应避免超过45分钟,也应避免进行高强度的运动,否则会影响全天的精神状态。人体体力的最高点受"生物钟"控制,在傍晚达到最高峰,所以下午运动的强度可根据自身体力体能进行适当调整。晚间运动能够促进生长激素与褪黑素的分泌[37],这对于生长发育、增强免疫力、预防老化、提升睡眠质量有利,但不应过量,否则会使交感神经兴奋而影响入睡。其次,在选择运动场地时需要注意场地的环境,如在室外进行跑步,应尽量选择平坦的路面,同时应当选择适合该场地的运动装备,这样能够更好地保护各个关节。天气变化时,如雨天、强日光暴晒的天气,不建议进行室外运动。再次,每个人对于运动的需求和锻炼的目的是不一样的,因此我们在运动中要根据自身需求定制属于自己的运动计划,即可从健身教练那里开具自己的"运动处方"。有些人从事健身行业,体力体能处于较为丰富的状态,可以较长时间进行同一种或不同的运动训练,而有些人运动是为了促进个人身体健康发展,抑或是学习更多的技能,所以我们要选择合适的运动方式。最后,要合理把握运动的"度"。一是运动的温度。通常在体温较高时运动,机体会释放更多的能量,使肌肉更加柔软,受到运动伤害的风险会更低,因此在运动前须做好热身运动。二是运动的强度。参与运动前根据自己的耐受力选择恰当的强度进行锻炼,既要让自己动起来也不能让自己太累。三是运动的进度。循序渐进,缓慢、持续地进行运动训练,制订长期的运动计划,更有利于个人健康。

俗话说"生命在于运动",运动可以使我们拥有健康的身体、良好的形象和充沛的精力,真正达到身心健康。我们还需明确一点,即"瞎动不如不动"。要根据自身的年龄、身体状况、兴趣爱好、时间安排等因素来选择适合自己的运动方式。同时,需要运用科学的训练方法,坚持不懈地进行锻炼。最重要的是找到一项自己喜欢的并且能够长期坚持的运动。总结而言,运动本身并没有好坏之分,关键在于选择适合自己的方式,合理控制运动量,并采用科学的方法进行锻炼,这才是最佳的健康生活的方式。

3. 健康睡眠

睡眠是人体的一种主动行为,亦是主动健康的途径之一,其可以帮助个体恢复精神和解除疲劳。所谓健康睡眠是指作息时间适当,睡眠时间充足,睡眠效率高,醒来后感觉好,白天可以维持正常的清醒和警觉。睡眠是人体最基本的生理过程,人生三分之一的时间在睡眠中度过,充足和优质的睡眠与身心健康和生活质量息息相关。但随着现代社会的飞速发展,社会生活节奏越来越快,生活压力也与日俱增,越来越多的人都无法进入良好的睡眠状态。睡眠问题在现代社会中十分常见,包括睡眠不足、失眠、睡眠相关呼吸障碍等,还与多种其他疾病如抑郁症[38]、心脑血管疾病[39]、内分泌疾病[40]、阿尔茨海默病[41]等相关。研究显示,我们每个人的器官中都包含带有自身生物钟基因的细胞,这些基因的作用是辅助生理过程,例如消化、在特定时段以最高效率工作等[42]。如果人体的生物钟被倒时差、倒班工作或不规律进餐等行为打乱,长此以往,就会造成体重上升和精神抑郁。此外,这些不健康的行为还会增加罹患心脏病或肝病的可能。

大脑曾被认为是人体的主时钟,它发送信号告诉器官何时开始工作。但研究发现,人体不同器官的细胞中也有各自的生物钟基因,大脑开始被视为"乐队指挥"[43]。每个器官都按自己的生物钟运转,根据时间产生不同数量的酶和分子。大脑的工作是确保所有生物钟都协调一致。如果大脑和其他器官不同步,或各个器官之间不同步,细胞运动就会变得混乱。研究发现,不恰当的饮食(如夜间进食)和睡眠(如熬夜)会扰乱昼夜节律,影响正常的新陈代谢,降低免疫力,导致炎症反应[44]。

睡眠在主动健康中也起到重要作用。有了健康的睡眠才能保证白天的工作效率和维持良好的身心健康。身体的任何一个地方出现问题都不能称之为健康,所以主动健康不能只从某个器官疾病的管理入手。那么,主动健康的实践行为有哪些？健康睡眠是其中一项重要的手段,因为睡眠与身体的多数疾病都有关联,一些疾病的前兆在睡眠这里会有所体现。虽然睡眠模式的确会随着年龄的增长而改变,但睡眠不足并不是衰老的必然结果。通过良好的睡眠习惯和适当的体育活动,那些促进睡眠的神经细胞的消失速度会降低,保证个体维持较好的睡眠健康。因此,我们要主动建立健康的睡眠习惯:①良好的睡前习惯。睡前不宜过饱或饥饿,临睡前应避免大量饮水;睡前避免饮茶,避免饮用含咖啡因的饮料或食品,忌饮酒过量;睡前 1 小时避免剧烈运动及听刺激动感的音乐;睡前尽量避免刷手机、玩游戏、用电脑等使用电子产品的行为。②科学的睡眠时间。推荐晨起时间为 6~7 点,即使休息日也不要赖床;建议午睡时间半小时左右,最长不要超过 1 小时;22 点上床睡觉,不要超过 23 点。③舒适的睡眠环境。保证周围环境安静,必要时可使用耳塞;选择舒适的睡衣及床上用品(尤其是合适的枕头);卧室的适宜温度为 18~22℃,通风条件好,空气适当流通;将卧室光线调暗,选择遮光性能好的窗帘,必要时可佩戴眼罩;睡前泡脚、沐浴,沐浴的适宜温度为 37~39℃。④积极的健康维护。放松心态,保持乐观,适时释放,消除思想负担,必要时可寻求专业援助;调整生理节律,保持正常的生物钟;加强体育锻炼,注意劳逸结合;定期体检,积极诊治原发病(比如睡眠呼吸暂停综合征、不宁腿综合征)。此外,学校和家庭要强化睡眠理念,让孩子认识到良好睡眠对于促进生长发育和身心健康的重要作用。从小培养孩子良好的睡眠习惯,作息规律、劳逸结合,营造易于入眠的居室环境,睡前放松心情,保证睡眠时间和睡眠质量。如出现夜惊、早醒、白日嗜睡等现象和困扰,不必过于惊慌和紧张,及时到专业机构进行咨询,获得专业帮助。正确认识睡眠与健康的关系,提高睡眠效率和质量,我们就可以把更多的时间和精力用于学习、工作和生活。

4. 积极情绪

情绪是人对一系列事物主观认知经验的反应,是多种感觉、思想和行为综合作用下产生的心理和生理状态。情绪与健康息息相关,积极情绪是个体进行主动健康的动力源。七情六欲，人皆有之，一般情况下，属正常的精神生理现象，各种情绪活动，都有抒发感情、协调生理活动的作用。但是，实验证明，当愤怒、悲伤、忧思、焦虑、恐惧等不良情绪压抑在心中而不能充分宣泄时，便对健康有害，甚至会引起疾病[45]。情绪可以影响人们的认知思维水平[46-47]，从而影响思考和学习。紧张、恐惧、烦躁的情绪会减缓解决问题的速度，而乐观平静的情绪则有助于思考，提高效率。焦虑、紧张的情绪，往往会使人们无法解决某些问题。情绪甚至可以改变内分泌和神经系统功能。经常紧张、忙碌、不顺心，就容易出现失眠、脱发甚至神经衰弱等症状。如果受到强烈、突然或持久的精神打击，则可能会引起精神障碍。情绪还会影响身体的免疫力。现代医学认为，良好的情绪可使身体生理机能处于良好状态，使免疫系统发挥其作用，抵御疾病的侵袭。许多医学专家认为，躯体本身就是良医，85％的疾病可以自我控制。因此，有的心理学家把情绪称为"生命的指挥棒""健康的寒暑表"。另外，在各种精神压力下，身体会释放大量的肾上腺素等，使血压升高，产生自由基，这些自由基会攻击细胞，从而释放过敏因子，引起皮肤过敏。所以，当突发性压力增大时，身体容易出现瘙痒、皮疹等过敏现象。长时间压力过大，人的记忆力会衰退，思维逻辑不严密，免疫力下降，等等。

情绪不仅对健康有影响，对人生也有很大的影响。大量研究表明，正向感情增进思维的灵活性，感到愉快的人更能对刺激物做出概念上的联想、发现差异和复杂关系。快乐的心情促进创造性思维和归纳性推理，良好的心态可以使人更有耐力，对自己更有信心。总的来说，积极情绪对思维具有促进作用。同时，积极情绪还有利于健康人格的塑造，积极的人格也更容易使个体表现出经常性的积极情绪。最直观地说，情绪会影响人的个性发展。长期生活在抑郁、忧郁或恐惧状态下的人，性格往往古怪，人际交往能力差，不受欢迎。情绪还会影响人们对自我的认识和评价。人在处于消极情绪中时,会降低对自我的评价,会做出"我总是失败的""我没有能力"这样的归因。把控好自己的情绪,塑造好的性格,可以让自己拥有一个健康、快乐的人生。

有些时候,我们只需要一点点小技巧,就能和自己的情绪达成和解,比如习惯性运动、睡觉、看喜剧电影、听音乐或者逛街。如果情绪问题比较严重还可以尝试下面这些情绪调整的方法:①认知行为疗法。②正念练习。③改变环境。经常与积极、乐观的人相处,会带动更多积极健康的正向情绪价值。因此,我们可以有意识地改变自己的生活环境。④独自静坐。静坐时尽情释放自己的思绪,细细感受脑海中浮现的念头,放松身心,进而充满活力。⑤与身边的人一起感受自然。沉浸于大自然的美丽中,能让人变得心态平和。⑥多与孩子一起玩耍。这有助于保持我们的纯真,让快乐变得简单。⑦尽情跳舞。听着喜欢的音乐,尽情地摇摆跳动,彻底放松一下。

综上所述,从日常生活习惯开始主动选择健康行为,如注意合理膳食、营养均衡搭配、合理运动、注重睡眠质量、保持良好情绪等。积极学习健康知识,主动预防疾病,注重生活细节和卫生习惯,在生活预算中加入健康支出计划,并制订科学合理的健康计划,与家人或者朋友共同坚持实施计划,学会自我调节情绪,多与家人或者朋友沟通和分享,保持积极健康的生活态度,是实践主动健康的重要途径。

二、体医融合

(一)体医融合的概念

第一,以人的健康发展为出发点。从健康中国和整个国家的健康角度来看,无论是运动还是医学,都是体育和医学相结合的公共卫生服务的主要形式。医学提供了思想和路径,两者的融合使体育活动更加科学、医疗方法更加实用。体医融合是一种综合性的健康管理理念和实践方法。它将体育和医学领域的专业知识与技术相结合,以个体的生活方式和健康为目标和基础,为个体提供全方位、定制化的健康管理服务。在体医融合的理念中,健康不仅仅是没有疾病,更是一个人在生理、心理和社会层面的综合状态。从这个角度出发,体医融合关注的不仅仅是疾病的治疗,更强调通过科学的运动和运动康复,促进个体健康发展、提高生活质量,预防慢性病的发生。每个人的身体状况和健康需求都是独特的。体医融合的理念强调根据个体的特点制订个性化的健康管理计划,包括运动方案、营养指导等,达到最佳的健康效果。体医融合要求医疗机构、运动机构等多个领域的专业人士进行跨学科合作。医生、运动科学家、康复师等共同参与,确保个体的健康管理得到多方面的关注。体医融合不仅重视疾病的治疗,还关注健康的预防和康复。将健康管理延伸至个体的整个生命周期,促进健康的持续发展。体医融合借助现代技术,通过健康数据的收集、处理和分析,为个体提供实时反馈和调整建议。这有助于监测健康状况,调整健康管理方案。总体而言,体医融合的理念将体育与医学结合,以人的健康发展为出发点,强调个性化定制、多学科合作、健康全周期和数据驱动。通过这种综合性的健康管理方式,体医融合旨在实现个体健康全面发展和生活质量的提升。

第二,以发挥体育的预防作用为目标。体医融合应打破行业壁垒,深入贯彻《纲要》的基本理念——健康关口前移,强调预防的重要性。科学的体育运动在防病和康复两个健康维度中均有重要贡献,在预防、治疗和康复三位一体的健康链条中有重要意义。体医融合将个体的生活方式、基础健康状况和遗传因素等考虑在内,定制预防策略。

这些策略既包括科学合理的运动方案,也包括营养管理、心理健康支持等多个方面。通过医学专业团队的参与,体医融合可以进行个体的健康评估,识别潜在的健康风险。根据评估结果,制定相应的预防措施,避免疾病的发生。运动作为一种非药物的健康干预手段,在体医融合中具有重要地位。科学的运动方案不仅可以增强体质,还能够调节新陈代谢,降低患某些疾病的风险。借助现代技术,体医融合通过收集和分析个体的健康数据,如运动量、心率、血压等,实时监测健康状态。根据数据反馈,调整预防策略,保持良好的健康状态。总体而言,体医融合以发挥体育的预防作用为目标,通过整合体育和医学的专业知识,提供个性化、定制化的健康管理融合服务。通过科学运动、健康评估和数据监测,体医融合有助于预防慢性病,并且进一步提高了生活质量,从而实现全面健康的目标。

第三,以推进医疗的监督功能为导向。体育和医学的结合是生理、生化和其他指标在体育中的应用,并发挥医学监督和指导作用,以确保运动的科学性、安全性和可持续性。物理和医学疗法的结合以及医疗监督功能的增强是从国民健康向国民科学健康过渡的基础。体医融合通过医学专业团队的参与,定期对个体进行健康评估和监测,包括生理指标、健康数据等方面的监测,全面了解个体的健康状况。基于医学专业知识和运动数据,体医融合可以预测个体潜在的风险。这种预测有助于提前进行疾病干预,避免疾病的发生。通过现代技术,体医融合可以实时收集个体的健康数据,如运动量、生理指标等。这些数据为医疗监督提供了监测依据,有助于调整运动方案和健康管理策略。体医融合可以使医疗资源更加集中,并在需要的地方高效落地;监督个体健康状况,及早识别问题,减少不必要的医疗成本和时间。在监督功能的导向下,体医融合除了关注生理健康,还关注心理健康、社交互动等多个层面,实现对个体健康状况的全面监测和评估。

通过健康数据管理,体医融合有助于预测疾病风险、提高医疗效率,促进个体整体健康和生活质量的提升。

第四,体育与医疗系统改革的必由之路。随着我国社会经济的发展,健康越来越受到重视,推进医疗制度与体育制度改革为大势所趋。体医融合将体育与医疗系统的优势相对接,防止各自为政,实现资源共享、优势互补、相互渗透、协调发展。通过将体育和医疗两个领域融合,可以实现更有效的健康管理、疾病预防和康复。体育与医疗融合可以从根本上强调健康的维护和提升,而不仅仅是治疗疾病。通过定制化的运动方案和全面的健康管理,个体可以更好地维持健康状态。体育在医疗体系中的作用从被动的治疗向积极的预防转变。通过运动和健康管理,可以预防许多慢性疾病的发生,减轻医疗系统的压力。体育与医疗融合有助于减少医疗资源的浪费,通过预防、康复和健康管理,可以降低长期医疗成本,节约社会医疗资源。体育与医疗融合关注个体的全面健康,包括生理、心理和社交层面,有助于提高人们的生活质量。现代技术的应用使得运动和健康数据更加可靠和实时,这些数据可以支持医疗决策和健康管理策略的制定,提高治疗和康复的效果。体育和医疗领域拥有不同的专业知识和资源,融合两者可以实现资源的整合,提高综合服务的质量。体育与医疗系统改革不仅是一种发展趋势,更是实现健康和社会效益的最佳途径。通过整合体育和医疗领域的专业知识和资源,体医融合可以在个体和社会层面取得持久的积极影响。

(二)体医融合的发展历程

新中国成立伊始,全国传染病多、卫生状况堪忧,卫生医疗资源极其匮乏,严重威胁国民体质健康。国家首要建设任务之一就是要防病治病,增强民众体质,改善国家卫生状况,确保人民群众的身体健康。

以毛泽东为核心的党的第一代中央领导集体,本着"预防为主、体育运动促进卫生医疗防治"等卫生思想,着重开展卫生防疫工作,配合国民体育运动实施,旨在迅速改善人民体质健康状况。1955年"一五"计划提出"广泛地开展体育运动,以增强人民的体质"。1960年《关于卫生工作的指示》强调:卫生工作要提倡与体育运动相结合原则,卫生部门工作以人民健康为重,指示卫生机关要大力开展卫生防疫运动,宣传卫生体育知识等。1966—1976年,国民体育事业与医疗卫生建设虽受影响,但体育运动服务医疗卫生的手段性理念得以有效延续。1983年,国务院学位委员会公布的《学位授予和人才培养学科目录》中将运动医学作为体育学的二级学科。尽管后来重新调整了学科分类,运动医学甚至成为临床医学的二级学科,但是体育学与医学相辅相成又源远流长。1984年10月,《关于进一步发展体育运动的通知》强调:"坚持普及与提高结合方针,发展城乡体育活动,大力建设高水平运动队,集中力量发展优势项目等。"1991年,全国体育工作会议确定了以青少年为重点、以全民健身为基本内容的群众体育和以奥运会为最高层次、以训练竞赛为主要手段的竞技体育协调发展的战略。这种以备战奥运为目标,发展高水平竞技,普及群众体育的战略方针也一直延续至20世纪90年代中后期。医疗卫生方面,自20世纪80年代以来,随着医学领域内医学设备的现代化,生物医学研究向亚细胞水平分子迈进,医疗卫生的内外延得到无限增容,其中一个重要表现为"生物医学+体育"的学科元素快速发展,1978年中国运动医学会成立。

在20世纪90年代初期,关于身体活动与体质健康之间的关系已经引起了各领域的学者的关注,通过对不同职业的人群以及所患疾病类型之间的调查研究发现,缺乏身体活动与慢性病患病率成正比[48]。自此关于身体活动与慢性疾病之间的研究成为体育与医学领域的热门话题。随着我国经济的不断增长以及在医学与体育研究领域与国际接轨,2012 年我国在"运动是良医"的基础上提出了"体医融合",目的是将运动康复手段用于慢性病的预防、治疗以及康复的全过程。我国在 2014 年就已提出"推动体育健身与医疗、文化等融合发展"的理念,并将"全民健身"提升为国家战略。2016 年《"健康中国 2030"规划纲要》印发并实施,体医融合在其中也有体现[49]。《纲要》从生活方式、健康知识及技能、健康监测、健康教育等方面推广体医融合,推进全民健身与全民健康事业。

(三)体医融合的理论基础

体医融合是我国国家发展战略中实施国家体育战略、提升全民族健康素质、打造全民健康生活的重要模式,是建设健康中国必不可少的有效途径。我国体医融合的各方面理论实践并不是非常完善。早在 2007 年,美国运动医学学会(The American College of Sports Medicine,ACSM)就提出"运动是良医",该理念倡导运用科学的运动测试结果和运动处方,指导人们增强体力活动与适当进行体育锻炼,有效地预防与治疗慢性疾病,并建议将体力活动作为人的基本生命体征,纳入医生疾病诊断的体系,由体育指导人员和临床医生共同参与健康服务[18]。"体"是本体和核心,是体医融合学科的建构根基,是实现建成体育强国战略目标的必由之路;"医"是基础,运用医学知识和医疗技术维持或促进国民健康,是对全民健康指导思想的实践回应,直指健康中国战略目标。"体医结合"是"体医融合"的前身,其实质是用医学的思维方法和知识体系将常见的体育运动方法进行归纳和总结,形成运动处方,为患者提供个性化指导。随着体育和医学结合领域的研究不断深入,我国提出了体医融合理念,体医融合是体医结合的升华,从内容上来讲,体医融合的内容更为丰富,体现的不仅是思想理论和知识方法的融合,更是在管理系统、技术、资源、产业等方面的深度融合。从发展特征来看,体医结合主要以运动处方为依托,而体医融合在"健康中国"的视角下呈现出体中有医、医中有体的发展特征,卫生服务中心有体质检测,体育中心有医学检查,体育医院不仅有运动处方门诊,还有健身中心等。体医融合是以医疗问题为导向,组织人们进行安全、有效的体育锻炼,特别注重发展健康运动技能,以区别传统的运动技能。体医融合主要解决医疗偏临床、体育偏竞技的健康供需矛盾,体医之间互相启发、互相引导,重新认识健康、认识疾病;以"有病治病""无病防病"为健康目标,服务范围是全人类、全生命周期、全疾病过程的"三全"覆盖,形成养育、养生、养老的"三养"健康科技文化。

从时间维度来看,体医融合的演变主要分为四个阶段:第一阶段为体医独立阶段(1949—2001 年);第二阶段为体医结合阶段(2002—2015 年);第三阶段为体医融合阶段(2016—2020 年);第四阶段为体卫融合阶段(2021 年至今)。《纲要》的颁布标志着"体医融合"在国家层面被正式提出,也意味着体医融合的实现方式将在健康中国战略背景下发生变化。实现体医融合是落实习近平总书记健康中国建设重要指示的迫切需要,是推动健康革命的迫切需要,是回应群众关切的迫切需要。国家如此急迫推进体医融合,是因为体医融合是实现健康身体、健康环境、健康经济、健康社会,最终实现健康中国的关键。

1. 体育学与医学的理论融合是体医融合的理论前提

体育与医疗均与人的健康相关,两者是全民健康的重要支撑[50]。然而,体育与医学对体育的认知和体育基础理论存在着很大的差异。医学研究人员从缺乏运动导致慢性疾病的角度来理解运动,例如肥胖、骨质疏松、心脏病、糖尿病等[51],也可以从冠心病、慢性阻塞性肺疾病、中风、关节痛、抑郁症等疾病的临床治疗以及手术期运动干预等方面来理解运动。医学研究人员重点研究的是运动风险的控制和运动效果的评价。因此,医学对运动的认识主要是从患者身上获得的,由此形成的运动康复理论也被用来指导患者的运动康复实践。慢性疾病的非医疗干预仍然停留在概念层面,医疗保健专业人员缺乏时间和场地来指导患者运动[52]。许多体育专业人士从提高运动技能和改善身体健康的角度来认识运动。体育训练、运动康复、运动营养、体质监测等,体育专业人士对运动的理解主要来源于运动员或健康人,这些运动训练理论,主要用于各种目的的指导和训练。虽然体育界进行了许多关于健康促进的研究,但大多局限于研究而非实践研究[53]。由于缺乏有效识别运动风险、监测和应对运动以及评估运动对健康促进效果的能力,运动干预措施的安全性和有效性显著降低,这亟待解决。

体育学与医学作为学科的交叉点,成为科技创新的源泉和学术发展的孵化器,促进了学术创新和新的研究方向的出现。体医融合的实现机制是运动与医疗共同实现健康促进各要素之间的结构关系和内在机制。体育学作为综合性学科,不断分化并产生具有综合性特征的新学科,在未来发展中的学科特征将更具复杂性和综合性。这也顺应了学科交叉发展的时代要求和现代技术工具理性之必然、社会现实之需求、科技创新获得重大突破的现实要求,即包括学科发展、人才培养、科技攻关等更广泛的外部要求,以至最终实现体育学的创新发展。从学科功能而言,随着体育学不断地创新发展,体育学与人体健康促进、社会进步、学科融合、现代技术等关系愈发紧密。根据不同的实现机制可以提炼出体育手段实现医疗价值模式、体育手段和医疗手段共同干预模式、医疗手段监控体育活动模式。在实践中,通过八段锦、养生太极拳等中低强度的体育活动可以有效降低各种慢性病的发病率,保障大众体质健康。运动生理学是体育和医学的交叉领域,探讨了运动对人体生理功能的影响。通过将运动生理学的知识融入医学实践，可以制定更科学的运动方案，促进康复和健康管理。营养是健康的重要方面，同时也与运动密切相关。体育学和医学的理论融合可以结合营养学的知识，为个人制定适当的饮食方案，达到更好的健康效果。运动康复是体育学与医学的交叉领域，强调通过运动来促进康复。在体医融合中，运动康复理念可以评估疾病的康复和预防，实现更全面的健康管理。运动心理学研究了运动对心理状态的影响，为体医融合提供了心理健康的角度。在个体健康管理中，运动心理学的理论可以用于应对压力、焦虑等问题。医学技术如影像学、生物传感器等可以在运动中应用，监测个体的生理指标，实时调整运动计划，提高运动效果和健康管理效果。总的来说，体育学与医学的理论融合是体医融合的理论基础，通过结合两个领域的专业知识，可以更全面、科学地实现个体的健康管理目标。这种理论融合使得健康管理更加个体化、综合化，促进了健康的全面发展。

体医融合有其重要性和必要性。虽然我国正在积极探索各种类型的融合医疗模式，但目前的融合医疗模式缺乏跨界融合，存在行业壁垒。目前，在中国大部分地区，体育产业和医疗健康产业分别开展健康促进服务。究其原因，可能是体育和医学从业者对"运动促进健康"的技术和方法缺乏统一的认识和理论基础，以及体育与医学缺乏深度融合。体医融合理论依赖于体育实践在体育学和医学中的共同作用，以及在此基础上对体育本质的重新认识。从事体育医学工作的人对运动、疾病、健康的关系有着深刻的理解，能够统一运动的本质。只有进一步深化和发展这种认识和理论，才能形成良好的实践。因此，当我们深入研究运动的本质时，有必要从理论上考虑疾病与健康的联系。虽然中国体育的发展受到医学、教育学等学科隶属关系的影响，但其交叉学科的本质属性并没有改变。体育学发轫之初就是以综合性课程形态出现的。知识体系逐渐从分化趋向交叉、融合,单一的学科知识体系逐渐向多学科、跨学科、交叉学科乃至超学科演变,学科的交叉与融合已成为科学研究的创新源泉和时代特征。体育学以体育为媒介能促进经济、政治、文化、社会等多层次交往,这也势必会推动体育学科走上高精尖学科发展之路。以体育学为本,树立推动体育学科整体发展的理念,以体育学与医学领域中的主动健康问题为研究对象,搭建起体育学和医学的学科融合桥梁,实现不同学科的资源共享和互促共进。

综上所述,体医融合要在打破学科壁垒的过程中坚持以体育学为主,立足体育学科发展的基本情况,借助医学的学科优势,完善体育学的学科体系,促进体育运动与健康方面的广泛应用。

2. 健康促进运动的安全性、有效性、可持续性是体医融合的核心环节

目前,体育行业与医疗卫生行业在推进健康中国建设的过程中,虽各有所长,但是仅依靠其中的一个行业是无法同时实现健康促进运动的安全性、有效性和可持续性的。若在统一认识的基础上,进行技术、资源和话语权三方面的深度融合,就可解决体医融合健康促进服务中最为棘手的问题,即运动的安全性、有效性和可持续性[54]。

运动在促进健康、预防疾病的同时也会导致例如晕厥、运动损伤等运动风险事件的发生。运动的安全性是体医融合中首先应该解决的问题。健康促进运动的安全性是指通过分析运动风险发生的原因和诱发因素,对其进行全面的评估,并制定针对性的防控措施,尽可能减少运动风险事件的发生,保障运动安全,这是体医融合的基础,也是体医融合中的医疗要素。因此,在体医融合过程中,首先要有运动风险意识,参与任何运动都要对可能发生的运动风险进行识别;其次要对运动风险进行评估、监控,对不同风险级别的人群进行分级监控,对

重点人群的运动风险进行重点监控;最后要具备对可能发生的运动风险的应对能力,例如有控制运动风险的必要措施和运动风险发生时的应急预案等。

运动的有效性,即运动的效应,包括中心效应和外周效应。中心效应是运动干预对疾病的作用,即预期的干预效果。通常中心效应的产生需要有较大的运动强度,存在一定的危险性。外周效应是指除了中心效应的其他健康效应,一般较低的运动强度即可产生外周效应,但会使中心效应获益微小[55-57]。例如,一位心脏病患者每天坚持走路锻炼身体,一段时间后,血脂、血糖、体重等都会显著下降,这就是外周效应,但是其心脏功能并没有得到明显改善;而如果患者通过稍大强度的有氧训练则能改善心肺功能,这就是中心效应。仅依靠体育学或医学相关知识和技术无法全面评估运动的中心效应和外周效应,这就必须将体育学与医学结合起来进行综合评估,而且运动有效性的评估不仅仅是运动方案实施后才能进行,运动方案实施中也可以进行评估,并且可依据中心效应进行针对性的训练,这样更有助于实现预期效果。

虽然在日常生活中适度运动是一种健康的生活方式,但缺乏运动仍然是一个主要问题。长期适度的运动对健康和预防有很大的作用。一项研究表明,锻炼计划的性质、锻炼计划的制订和实施、锻炼参与者的受益等多种因素都会影响锻炼参与者的连续性[58]。有些人可以为了改善健康而继续做运动,但许多人因为无聊和无趣而停止运动。研究表明,适度的有氧运动和高强度的间歇运动可以帮助老年人提高心肺耐力[59]。然而,持续高强度运动会给老年人带来安全风险;但若过分强调运动的安全性,运动效果就会降低。因此,为了平衡健康促进运动的安全性和有效性,需要对运动强度进行准确的风险识别和控制。例如,在医生的指导下进行高风险运动,并通过气体代谢仪或动态心率测量仪精确控制强度。此外,在运动过程中及时评估安全性和运动效果也有助于提高运动依从性。因此,健康促进运动的安全性、有效性和可持续性要同时兼顾,并且不可分割。在体医融合中,确保健康促进运动的安全性至关重要。医学专业人士可以评估个体的健康状况和运动能力,制订适合个体的运动计划,这可以避免运动损伤和保护个体的安全。促进健康的运动应该是有效的,即确保个体能够获得预期的健康效果。通过结合运动科学和医学知识,制定科学合理的运动方案,可以最大限度地提高运动的健康效果,如改善心血管健康、增强消耗力量等。体医融合是强调长期的健康管理,而不仅仅是短期的效果。医学专业人士可以与个体合作,确保运动计划的持续性,从而达到长期健康管理的目标。在体医融合的实践中,医疗机构、运动机构与医学、康复等多个领域的专业人士需要紧密合作,确保健康促进运动在安全性、时效性和可持续性方面的高水平表现。通过这种综合性的管理,可以最大限度地提升个体的健康水平,实现整体健康的目标。

综上所述,体医融合的实质是:体育学和医学通过对运动的全面而深入的认识,根据整合医学理论,形成体育医学理论,并以此促进体育行业与医疗卫生行业在技术、资源和话语权三方面进行融合,实现健康促进运动的安全性、有效性和可持续性。

(四)体医融合的模式

1."技术融合"模式

"技术融合"分为"技"的融合和"术"的融合两部分。"技"的融合是指将体育科技与医疗科技相对接,"术"的融合是指将体育科研与医疗科研相对接。通过将体育的"技术"应用于医疗、将医疗的"技术"应用于体育,二者融会贯通。体医互相启发、互相引导,重新认识健康和疾病,运动技能和运动成绩的提高都离不开体育科学研究,而提高医疗卫生水平和发展医学技术则是医学研究的保障。运动与医学的整合应该首先实现各种系统科学研究成果的整合。将体育系统培养奥运冠军的专业技术与卫生系统医疗技术融合,技术融合强调体、医双方发挥各自技术优势,亲密协作。例如,建立运动医学研究所,加强两个系统科学研究成果的整合,促进运动医学和医学的发展;将运动医学作为医学的基础教育学科,打破障碍。此外,科研整合的成果需要转化和推广,将与运动营养、保健相关的书籍按地区、批次和数量免费分发给公众,以便能够满足一般的科学健身需求。

体医科技交叉运用打破行业壁垒,整合体育科技与医疗科技资源并积极进行资源共享,将体育实践中的科学训练手段进行改良和推广,应用到患者康复治疗上,如将竞技体育中的高强度间歇性训练和医疗中的心电高频成分及心电信号频谱分析(新型心电监测技术)共同运用到临床医学当中,对缺血性心脏病、冠心病等心脏疾病的治疗有重要作用。目前,我国糖尿病、高血压、脑卒中等慢性疾病的发生率逐年升高,通过将科学的体育锻炼方法融入医学治疗中,不仅有助于患者的康复,还能帮助其培养健康的生活方式。

2. "资源融合"模式

"资源融合"宏观上是指把医院的人、财、物资源同体育设施、器械、场地等资源共享,以培养体医复合型人才、建立运动医学专科医院及设立信息共享、互助平台等方式,来推进我国体医融合落地。比如,健身房一般白天客人少,可以利用这个时间段指导患者锻炼。退役运动员和体育专业毕业生经过体医融合理论和技术培训可以给患者提供科学锻炼指导服务,这样不仅解决了体育专业人员的就业问题,还能发挥他们的技术优势。

基于全民大健康理念,体育与医疗系统应转变以往的人才培养模式,变专业型人才培养为复合型人才培养。首先,组织医院的医生、护士走进高校(体育院校或师范类体育院系),向体育专家及教授请教运动训练、康复等相关体育知识。其次,组织社会体育指导员及教练员走进(三甲及二甲)医院或医学高等专科学校,向医疗专家、一级医师及医学教授学习医学监督、护理、评估等相关医学知识。最后,培养运动处方师,组织三甲医院的专家及医生去发达国家和地区进行专业培训,并在回国后设立培训点,培养体医复合型人才,加快体育与医疗的融合。

目前,我国三甲医院有近千所,均是医疗水平高、科室设置全的医院,但只有经济发达地区的省人民医院及部分从属医院设置有运动医学专业科室,且存在门诊一号难求、住院一床难寻的局面。因此,建设运动医学专科医院,进一步推广、普及运动医学知识和理念;同时通过政府干预,体育与医疗系统分别向运动专科医院提供健身器材及医疗设备等物质资源,将基层医院、运动处方师、康复技师紧密关联,并开设运动医学门诊,医生和体育专家搭档坐诊,医生诊断病情及机能状况、体育专家开具运动处方,促使体医融合落地。开通体育与医疗信息共享、互助公众平台,开通涵盖各省(区、市)的医学专家、医师及体育专家、运动营养师等的信息共享平台:第一,建立疑难病症数据库。医疗系统无法治疗的病症,可通过此数据库向体育系统寻求运动处方以实现治疗和康复。第二,建立医疗急救处理库。近年来,我国体育赛事日趋繁荣,赛事必然有赛事医疗与急救,此库根据不同类型的赛事提供急救方案以保障赛事的安全性。第三,建立慢性病探讨平台。由医生和运动营养师一同参与,共享现行慢性疾病治疗方案,并探讨行之有效的解决方案;运动营养师可针对不同人群提供个性化的健康食谱,有效预防慢性疾病。

3."话语权融合"模式

"话语权融合"是指将体育在健康中的主导权与医疗在健康中的主导权相融合。通过舆论媒介传播及逆向思维引导手段促进体育与医疗系统"话语权"的整合。"话语权融合"强调三甲医院要大力宣传体育与健康的关系,并且推荐患者接受科学锻炼指导,把医生开具处方的话语权同教练落实处方的话语权融合,发挥各领域优势,让体育界与医疗界共同宣传体育锻炼对健康的重要性。

首先,各省(区、市)可通过邀请体育运动明星进社区、进校园,讲述其运动经历、职业发展过程,运用其专业素养对公众进行专业指导,形成示范效应,并拍摄宣传片,通过媒介手段倡导健康生活方式。其次,可邀请专业运动队的随队医师和营养师就自身所具备的运动营养学、生理学等知识开展专题讲座,将运动医学知识传授给公众,积极引导公众认识科学锻炼的重要性。最后,各省(区、市)体育局可借助开展具有地区特色的体育系列活动,为参与者免费提供医疗检测服务,这样既保证了运动的安全性,又扩大了科学健身知识与方法的宣传[60]。

(五)体医融合的内部结构及关系

2016年,中共中央、国务院在《"健康中国2030"规划纲要》中明确提出,要通过广泛开展全民健身运动、加强体医融合和非医疗健康干预、促进重点人群参与体育活动等方式提高全民身体素质。体医融合是体育科学与医学科学的交叉和融合,是运用体育运动的手段和方法,结合医学的理念和知识体系,使体育运动处方化,成为维持和促进健康的重要手段,目前其尚未有明确的定义。体医融合的理念体现了现代医学对运动促进健康这一观点的认可,也体现了全民健康促进的新趋势。体育与医疗都是促进健康的重要措施和手段,是体医融合中不可分割的两个重要组成部分,二者虽在健康促进的过程中各有着重点,实现路径和方法也不尽相同,但根本都在为健康促进服务。体医融合为充分发挥科学健身在健康促进、慢性病防治等方面的积极作用奠定了基础,有利于助力健康中国行动,全面提升全民健康素质。同时体医融合不仅是对传统的继承,也是对人民群众公共健康服务需求的回应,还是健康中国与体育强国建设中技术扩散、知识扩散和社会治理观念转变的必然。

体医融合的内部结构有多个组成部分,这些部分在不同层面上相互关联,共同实现综合的健康管理目标。在体医融合中,医学团队由医生、康复师、护士等医疗专业人士组成。他们负责进行健康评估、疾病风险预测,定制个体的医疗计划和康复方案。运动科学团队由运动生理学家、运动康复师、运动辅导员等专业人士组成。他们根据医学团队的指导,制定个体的运动方案,保障运动的安全性和效果。现代技术的应用使得个体的健康数据(如运动量、心率、血压等)可以实时收集和分析。这些数据为医学和运动科学团队的决策提供了有价值的参考。在医学团队和运动科学团队的指导下,制订个体的综合健康管理计划,该计划包括定制化的医疗、运动、营养等方面的内容。基于个体的健康状况和目标,设定明确的健康目标,如体重控制、心血管健康改善等。这些目标是整个健康管理计划的驱动力。现代技术在体医融合中具有重要作用,如生物传感器、健康追踪设备等。这些技术可以实时监测健康状况,为医学团队和运动科学团队提供数据支持。健康管理是一个持续的过程,需要定期监测个体的健康状态,根据数据调整运动和医疗方案,以确保健康目标的实现。

在体医融合中,这些内部结构之间的关系紧密、相互依存。医学团队和运动科学团队需要紧密合作,根据个体的特点制订综合性的健康管理计划。健康数据的收集和分析为决策提供支持,而技术的应用则增强了健康管理的准确性和效果。个体健康管理计划的实施和持续监测,需要各个团队的共同努力,才能实现整体健康管理的目标。相较更为广泛的体育实践探索和应用,体医融合在学理层面的学科建设研究成果稍显逊色。截至目前,国内仅有重庆医科大学于 2016 年成立了体育医学学院。还有一部分体育院校、医学院校通过开设一些体医融合类相关课程、新增体医融合研究方向等手段促进体医融合学科的建设,但是在推动体育学与临床医学内部各学科及临床检验诊断学、护理学、康复医学、理疗学等医学的二级学科的交叉方面稍显不足,在构建特色突出的体医融合二级学科的人才培养方案上也仍有待完善。除了体医融合实践,更为重要的是厘清体医融合现阶段的本末关系,即究竟是利用体育解决医学问题,还是反之。如果是前者,体育的战略地位会被忽视,那么就会使体育沦为手段并进行功能性定位;如果是后者,则会将医学作为手段实现体育的功能,那么古代已有之。因此,主动健康如何推动体医融合发展显得尤为重要。

为此,需要从多学科知识角度,从传统、现代及未来视野认识体医融合的内部结构及其相互关系。同时,体医融合还是一项重大的社会工程,需要基于实证研究,从科学管理的角度建构其理论模型,解析体医融合体系的内部结构,审视相互之间的关系,从现实需求的角度进行工作分解和责任分配,通过政策调节和制度设计,进一步阐明其内外部关系。

三、主动健康与体医融合

(一)主动健康与体医融合的联系与区别

主动健康、体医融合两者之间有着千丝万缕的联系,都含有"运动是良医"的理念。融合的途径是通过基本公共卫生服务供给侧结构性改革释放更多的"空间",发挥全民健身公共服务的支持和保障作用,逐渐生成全周期全人群全覆盖的全民健康土壤,更大限度地激发体育和卫生健康主体的活力与内生动力。科学指导体医融合和主动健康的概念是理解和推动这些概念的重要基础。体医融合是指将体育和医疗领域的理念、知识、技术和资源相互融合,通过良好合作,实现个体的全面健康管理。体医融合强调运动与医疗之间的紧密关系,旨在通过综合性的健康管理方案,促进个体的身体、心理和社会健康。主动健康是指个体主动采取积极的生活方式和健康管理行为,以维护和促进自身的健康状态。主动健康强调个体在健康管理中的主动性,包括良好的饮食习惯、定期的体育锻炼、积极的心理调节等。在体医融合和主动健康的概念中,主要的区别在于体医融合关注体育和医疗领域的融合,强调专业知识的整合与合作,以实现更全面的健康管理,而主动健康关注个体的自我管理,增强个体在健康维护中的能动性。从内涵上看,体医融合的工作重心强调非医疗健康干预的介入,强调体育与医疗部门协同配合,具有健康促进的治理理念。从外延上看,主动健康理念贯穿体医融合,包括体医融合中运动处方、科学健身指导、体质测试、慢性病管理、康复治疗、服务站点建设等。从国家战略角度看,体医融合侧重于"治已病",兼顾"治未病",提出建立运动处方门诊,落脚点在医疗端,同时兼顾体育端。

体医融合[61]与体医结合[62]、医体结合[63]等类似概念之间的区别在于深度和程度。体医融合更强调多个领域的深度融合,而其他概念可能更强调在特定情境下的协作,如医体结合可能强调医疗领域与体育领域的结合。在主动健康和被动健康的主体性方面,主动健康强调个体主动参与健康管理,而被动健康则更强调依赖医疗系统和外部干预。

体医融合与主动健康之间存在关联。主动健康是体医融合中的一个重要组成部分,个体的主动健康行为是体医融合实践的基础。体医融合的内涵则更广泛,需要多专业领域的融合。综合来看,体医融合和主动健康是健康管理领域中的两个重要概念。体医融合强调领域间的深度合作,而主动健康则强调个体的积极参与和主动管理,这两个概念在促进个体健康和全面发展方面有着密切关联。主动健康是与以卫生医疗方式治疗或预防疾病为内涵的被动健康相对应的概念,即趋健康行为而治还是趋病而治成为区分被动健康和主动健康的重要标志。实践证明,单纯依靠治疗的方式无法有效解决因为生活方式改变而造成的现代文明病问题,因此人们开始探索更加积极主动的健康治理方式。

(二)主动健康推进体医融合的特征

近年来,人们的健康安全不断受到各类公共卫生事件的威胁和破坏,尤其是突如其来的新冠肺炎疫情,但与此同时,这次抗疫经历唤醒了人们的健康安全意识,使人们认识到了在面对不可预知的重大公共卫生事件时健康状态的重要性,并客观上产生了构筑更加主动养护健康的内在需求。从以治病为中心转变为以人民健康为中心,注重日常体育锻炼,体医融合得到了长足发展,与此同时,主动健康中"个体是健康第一责任人"的理念更加得到重视。主动健康的思想理念推进体医融合发展更是一项需要在政府指导下的由多元主体共同参与，指导全体民众不断学习形成健康生活的工作，在此过程中需及时掌握了解相关动态信息，适时调整干预的发展模式。主动健康推进体医融合具有坚持依靠政府主导，开发多元化主体参与，对全体民众的健康生活方式进行广泛舆论宣传，建立相关指导服务站点及发展平台以调动全民积极性，以及动态监测大众体质数据的特征表现。

政府主导的多元主体参与特征。主动健康是坚持政府主导，充分调动全社会的积极性，强调个体是健康的第一责任人，发挥"强政府"作用，通过组织决策、行政干预实现自上而下的管控机制。政府主导主动健康推进体医融合发展，能够满足人民对美好生活的向往。伴随着我国社会主要矛盾的变化，人民对美好生活向往的需求日趋多元，即除了物质生活需求，还有法治、尊重、平等、健康等方面的精神生活需求。人们对健康的需求，不仅仅是在疾病发生时得到及时、有效治疗的机会，还包括高质量的生命健康状态。体医融合发展，一方面是倡导科学健身，让人们以健康的生活方式不得病、少得病，防患于未然；另一方面，我们倡导非医疗干预方法，以减轻患者的医疗负担并提高康复效果，从而使人民的健康水平大幅提高，实现人民群众对美好生活的期盼。

形成以"健康生活方式"为目标的宣传科普特征。每个人都是自己健康的第一责任人，要主动开展生命过程中的功能维护、危险因素控制和健康行为干预等，实现个体的主动健康并促进身心健康。健康的生活方式是实现主动健康的重要因素，饮食、运动、睡眠和情绪是健康生活的四大重要支柱。各种生活方式可通过交互作用影响身体健康，同时改善多种生活方式比改善其中的某一种的效果更加显著。在日常生活中，可以从合理营养、合理运动、保持良好的睡眠和积极的情绪这四个方面动态监测、精准干预、实时反馈,提高全民健康素养,积极引导居民主动选择健康生活方式,这对于实现疾病预防和早期治疗具有重要意义。

全民健身科技创新平台和科学健身指导服务站点的组织特征。科学健身是主动健康的重要手段,个体积极主动地进行运动,社会和政府主动为个体科学健身提供政策、环境、文化、软硬件等保障措施,促进全民健康。科学健身指导服务是为广大群众开展公益性体质测定服务,出具体质评价和运动健身指导报告,提供体质报告解读;为群众提供运动健身、运动营养、运动损伤防控等方面的咨询服务;举办科学健身大讲堂和科学健身技能培训工作,宣传科学健身理念,传播科学健身的知识与技能。同时结合与医疗卫生等相关部门的合作,开展运动促进健康、慢性疾病干预等相关服务。随着云计算、大数据、物联网、移动互联网、人工智能等新一代信息技术的发展,信息服务于全民健身成为可能,其是推动全民科学健身的重要支撑,会更好地满足人民群众对健身服务的个性化和多层次需求。全民健身信息化可以通过融合移动互联网、大数据、云计算、物联网等新一代信息技术,提供个体化科学健身相关服务,满足人民群众对主动健康的需求。

大众体质监测与健康监测数据服务特征。主动健康管理旨在覆盖所有社会群体,围绕个人的全生命周期不断运行,实行动态性管理,借助大数据、人工智能等技术,打造健康数据中心,建立集中式、远程化的"数字监测系统"。通过科技手段分析个体健康,提前预警和预测并减少风险因素,从而实现有效防控。通过测定与评价体质水平,反映受试者的人体形态结构、生理机能和身体素质的综合特征,了解体质状况,查找出体质存在的薄弱环节,为参加体育锻炼、合理膳食、营养补给等提供科学依据,改善体质状况,达到身体形态、身体机能、身体素质的平衡发展。同时形成数字化管理,为大众建立体质健康档案、实时跟踪自身体质变化、验证锻炼效果等提供数字化平台。

当前,中国主动健康推进体医融合管理服务的模式和机制尚未健全,仍需要配合国家医疗卫生服务体系的改革,通过开展典型区域内的应用示范来推动相关技术和产品的有效落地,构建新型主动健康推进体医融合的管理服务模式,从而为改善医疗健康服务体系的公平性、可及性、有效性和连续性提供保障。主动健康推进体医融合管理服务有以下五个特点。

一是便捷式的服务特点。主动健康服务需要面向社区,结合相关机构组织,发展并运用专业快捷的服务模式自动采集健康信息、实时干预健康风险,为居民提供方便快捷的全面健康管理服务。同时,便捷的健康管理模式会帮助健康知识的普及和公民健康素质的提升,提高居民参与主动健康管理的积极性,促进全民健康的全面发展。

二是定制化的服务特点。全面的主动健康推进体医融合管理模式为各个地域和年龄段的居民提供定制化服务。因此,健康管理服务需要配合当地相关部门,结合各地的文化特色、教育水平、经济水平、医疗服务水平等社会差异,切身考虑受众群体的多样性需求,做到因人而异、因地制宜、科学配置、动态调整,实现真正的健康定制化服务。

三是智能化的服务特点。主动健康推进体医融合管理服务有可靠的健康数据库,为社区和居民用户提供了安全可靠的数据存储方式。在确保用户隐私和数据安全的同时,运用信息技术和人工智能等技术实现健康医疗数据管理,鼓励支持相关行业的创新与发展。通过政府部门、信息技术企业、智慧医疗单位及社区卫生机构的协助,提供基于医疗大数据的个性化健康服务,注重全人群全周期的健康状况,实现智能监测、预警、干预和管理的主动健康推进体医融合模式。

四是精准化的服务特点。精准的个性化医疗是主动健康推进体医融合管理的基础。通过信息技术进行生物标记物的分析、鉴定、验证及应用,从而精确寻找到疾病的原因和治疗靶点,对疾病的不同状态和过程进行精确分类。结合基因组测序技术、生物信息技术、大数据科学等实现对疾病和特定患者进行个体化精准治疗,提高疾病治疗和预防的效益。此外,基于新型科学技术,对居民健康状态靶向干预,建立用户画像,对其数据进行动态追踪,实现数字化主动健康管理,真正为居民提供全面的"精准化健康管理"服务。

五是连续性的服务特点。主动健康推进体医融合管理服务要求覆盖健康管理全过程。社区健康自主管理连续服务平台和跨区域共享云平台的建设恰到好处地解决了主动健康管理服务的连续性问题。为了促使主动健康推进体医融合管理模式和相关智能服务应用,目前主动健康推进体医融合管理相关技术及产品针对健康人群、慢性病人群和老年人群,融合各系统,已经在国内部分示范区开展连续性的数据采集,以实现跨地域共享、多标准化统一,以及不间断的健康监测和治疗。

(三)主动健康推进体医融合的影响因素

第一,国民主动健康意识不强。人们对于主动健康推进体医融合的理念仍然存在个体认知匮乏等问题,主动健康的理念尚未落实到具体行动中。主动健康是一个跨领域的概念,国民对主动健康的认识不够全面。在部分地区"健康仅仅与环境有关,与心理因素、生活方式、遗传因素、医疗水平无关""没有必要进行健康体检""不需要主动获取卫生保健知识"等观点仍然普遍存在[64];2017年我国居民健康信息素养水平仅为22.95%,部分农村居民健康素养水平甚至仅为8.2%[65]。居民主动健康意识薄弱,健康素养有待提升,缺乏提高自我健康管理水平的主观能动性。不同的人、不同的文化、不同的地区,健康管理水平差异很大,从而阻碍了主动健康的实施。新冠肺炎疫情的出现让一些人有了自愿的健康意识和健康行为,但当新冠肺炎疫情得到控制后,"无病即健康"的观念又重新回到大众的意识中。此外,健康知识普及的配置的滞后,也是阻碍积极建立公众健康意识的一个因素。自国家提倡运动是良医的理念以来,体医融合逐渐受到重视和推广。体医融合虽然在多个城市进行了成功的测试,但是信息的传播受到了多种因素的影响。例如,运动和健身没有得到适当的宣传,健康知识的普及程度较低。从本质上讲,体育和医疗对全民健康起到了积极的作用,但从长远来看,医疗一直被视为治疗疾病和保持身体健康的首选,体育促进健康的意识不强。重药轻体的观念形成了过度医疗的局面,慢性病、亚健康等疾病可以通过运动康复治疗彻底减轻患者疼痛和医疗负担,但多数居民过度依赖药物、手术等医疗手段。体育促进健康的价值在居民观念中逐渐弱化,主动健康推进体医融合的认知困难逐渐显露。

第二,相关政策法规亟待完善。政策制度与法规体系是体育和医疗双方发挥合力的重要保障,体医融发展的第一个障碍即缺乏制度和法规。然而,目前没有这样的策略来定义自我管理责任和权利的范围,或者提供指导。相关政策还停留在宏观层面,相应的实施路径尚未明确落实,仍在不断探索和研究中。同时我国至今没有出台关于促进健康的法律。制度法规是保障、规范和引导体医融合发展的有机整体,对体医融合的实施和管理具有重要意义。但体医融合相关制度落实明显滞后:一是单边制度保障较多,缺乏国家主导的医疗一体化体系,《纲要》等宏观政策难以单独实施。二是体医融合作为一种新型的健康维护模式,受地域、文化、观念及认知等因素影响,以治病为中心转向以人民健康为中心的主旨理念缺乏政策制度保障,在落实中仍存在较大差异。三是体医融合实施路径和细则还停留在研究层面,系统的实施方案的缺失将极大地制约康复服务的发展,难以实现体医融合的整体布局。如何规划出台主导性政策法规、细化发展路径、规范康复治疗的行业资质等是主动健康推进体医融合实施中所面临的制度困境。政府、企业、研究机构的数据收集、数据处理、数据运用、数据管理等微观运行方式与技术对接模糊,亟须相关政策的细化指引。

第三,体育与医疗部门之间存在壁垒。主动健康推进体医融合不仅仅是宏观设计的观念厘定,更重要的是对主动健康的管理。体医融合作为健康维护方式的新产物,其主体由体育、卫生、医疗等部门组成。组织管理工作需要体育与医疗部门的配合,其相互沟通,是积极健康的长效机制,是彰显主体性价值的关键。但由于长期以来不相隶属的关系,公共体育和商业医疗之间存在不匹配。体育负责全民的健康维护和身体监测,医疗负责疾病的预防和控制。在国家卫生政策的实施下,鼓励体医融合,加强非医疗干预。但由于缺乏资金支持、合作媒介和传播手段,体医双方的沟通矛盾明显,严重阻碍体医融合的践行。各地区政府对体医融合重视程度不一,无法为双方融合工作提供保障制度。同时,我国主动健康的体制机制不健全,主动健康管理协同创新机制不完善,导致各主体对主动健康工作重视程度低,执行力度差,造成各部门职责藩篱、资源共享困难、沟通阻滞、管理低效等现象,梗阻主动健康的协同管理。运动科学和医学缺乏深度融合,运动科学与医学理论和应用的冲突也是阻碍学科间交流的重要因素。体育与医疗研究人员在健康理念、方法和运动处方上存在较大差异。例如,对于轻度糖尿病患者,体育研究人员一般诊断患者的体重、年龄、心率、运动能力、运动负荷,并开具运动时间、强度、负荷、间歇等运动处方。医学研究人员常常通过用药量来控制病人的病情,从而忽视了运动的影响。主动健康推进体医融合仍处于初级阶段,尚未得到有效推广。如何设立体医融合组织管理部门,建立完善的组织管理体系,是主动健康推进体医融合开展的关键问题。

第四,专业人才队伍建设薄弱。当前,我国疾控系统人才外流严重。中国疾控中心主任高福在两会上指出:2010 年到 2018 年,各级疾控中心人员总数减少 3.9%,其中作为专业技术主力的执业医师减少 10.8%,同期综合医院人员总数增加 64.3%。我国事业单位的绩效、薪酬水平和结构限制了公共卫生工作者的积极性。改革开放以来,中国公立医院经历了许多改革。公立医院的公共卫生职能不断弱化,专业公共卫生人员与医务人员之间缺乏信息合作。从事发病机理鉴定、流行病学及传播规律研究、现场流行病学调查、实验室检验等方面的人才短缺,医学、法律、公共管理等多学科交叉卫生人才培养机制不足。综合性人才的培养首先需要体育教育与医学教育的协调培养。然而,由于我国目前的教育体制,没有明确建立培养体医融合人才的机制,因此有必要探讨相关专业领域的整合与建设。体医融合相关专业的设立条件十分严格,师资力量、设备资源、实验条件、培养计划等都远远不能满足体医融合人才的培养需求。因此,许多城市的体医融合人才培养供不应求。然而,体育与医疗在理论和实践上存在较大差异,在获得第三方资格方面也存在限制。在宏观政策中尚未提出关于体医融合人才队伍的建设方案,跨领域的专业培养机制仍在探索。在主动健康的海量数据中,数据类型呈现出来源广、种类多、质量参差不齐等特点。要想从价值密度差异较大的数据中快速准确地提取出有效的数据,则需数据专业人才进行操作,实现"专人专办",进而提升工作效率。然而,由于岗位吸引力、工资条件、技术设备环境等各种因素,引进专业人才变得困难。数据挖掘、数据识别、数据价值释放的难度越来越大,主动健康管理机制的便利化阻碍了数据价值在发展过程中的释放。运动康复专业是国内体育与医疗融合的前沿学科。它最初是为运动员提供的康复服务,所以当前培养模式仅在部分体育学院与医学院设有该专业。由于行业限制,体校不能授予医疗资格,体校的学生不能进入医疗行业。因此,体育康复类人才的引进与就业存在结构性矛盾,专业对口渠道狭窄,造成体医融合人才培养与引进弊端。

第五,国民体质监控服务体系不健全。开展国民体质监测工作是加强体医融合与主动健康干预相结合的重要手段。然而,目前我国的健康监测服务体系仍存在许多问题。我国全民体质监测系统主要分为国家、省、市、县四级体质监测中心,虽然已经设立了四级监控中心,但数量不多,无法覆盖所有人群。国家政府每五年开展一次国民体质监测工作,各省市每年开展一至三次,县级开展的次数更多。虽然有的地区比如广西南宁市体育局,每年会组织体质监测人员到社区、乡镇、机关等地为百姓提供体质监测服务,但是这样的活动毕竟没有固定时间、地点,无法对百姓进行长期的监测和管理,造成国民体质监测覆盖率低,体医融合的效果难以发挥。此外,国民体质监测制度、国民体质监测报告、国民体质监测中心体质监测、运动处方研发和人员培训等多元功能不全。国民体质监测通过测试受测人员的各项身体机能,了解其量化的健康数据,并根据数据结果为今后的科学体育锻炼提供指导建议。调查发现,居民体质监测点较少,且社区配备的体质监测工作人员数量也严重不足[66]。同时,由于体质监测花费时间和财力,居民也缺少参与体质测试的意识,认为体质监测是一种可有可无的检查。再者,在开展健康体质监测工作中,由于缺乏专业的体质监测员,导致信息填写错误率较高。测试结束后体质监测员也较少进行抽查回访,缺乏对测试人员的体质健康状况的进一步统计和后期跟进。久而久之就会形成恶性循环,医疗卫生部门无法得到居民的体质检测数据,体育部门也就没有办法根据居民的身体健康情况提供针对性的健身指导。

第六,资金投入不足,基础配套设施匮乏。构建主动健康推进体医融合的新服务模式,无论是配备体育健身设施与医疗设备,还是培训医生和体育指导员并提升他们的薪资待遇,都需要大量的资金支持。目前,我国体医融合存在市场化程度低、获得医疗服务困难、成功案例少等现象。因此,在费用方面,政府的财政支持、社会的贡献、民间资本的投资参与都很少,资金来源还不稳定。这些资金既要用于体育场地的建设和健身器材的购买,还要用于日后健身场地的维护以及体育活动的开展。因此,资金的缺乏使得设施的维护和新设备的增加难以跟上,体育活动减少,无法满足当地居民日益增长的健身需求。从体育设施来看,各地区健身设施数量不足,健身设施类别过于单一,且设备损坏严重,体育设施分布不平衡。许多新建住宅区未能按照标准规划和部署体育设施。老旧居住区和乡村地区体育场地设施短缺,多功能运动场、智慧健身路径、智能健身舱等智慧化、智能化的体育场地设施投建数量还不多。然而,居民对健身的意识和需求在增加,对整体健身设施类别的满意度在下降。在医疗设施方面,由于与运动康复相关的设施很少,很难向居民提供综合医疗服务。

/ 第三章 /

主动健康推进体医融合的经验与实践

一、体医融合的国际经验借鉴

西方国家在体医融合应对、解决健康问题方面起步较早,尤其是欧美发达国家,已经从体医分离走向多部门协作应对健康问题的新阶段,积累了诸多经验与成果。本着学习借鉴的态度,将西方国家体医融合经验放在我国特定的社会经济文化发展背景中审视分析,梳理其体医融合的实现途径及基本特征,总结可借鉴的经验,尤为关键,也尤为必要。因此,全面客观地研究西方国家体医融合的经验,有助于推动建设具有中国特色的体医融合发展道路和公共健康服务体系。面对严峻的健康形势,我国实施健康中国战略,树立"共建共享""治未病、防未病"理念,推行体医融合,运用体育运动方式配合医疗卫生治疗方案促进国民健康水平提升。在《纲要》等政策推动下,体医融合从理念走向实践,体育与医疗卫生系统在目标取向、资源要素、机制保障等方面进行融合,但总体上体医融合尚未形成通用的运行模式。系统评估分析健康中国建设进程中的体医融合现状,分析制约两大系统融合发展的问题,探寻其存在于现实中的"堵点""痛点",是针对性推进体医融合发展的前提和基础。

体医融合将体育运动与医学专业知识相互融合,通过综合运用不同医学专业的资源和技术,为个体提供全面、个性化的健康管理和康复服务。体医融合的目的是促进个体的健康和幸福感,预防疾病的发生和发展,提高生活质量,提高运动表现和竞技能力。体医融合的模式更加强调身体、心理和社会等方面的健康因素相互关联和相互影响,通过综合的健康管理和康复方案,实现全面健康目标。体医融合发展,需要跨学科的合作和交流,强调预防胜于治疗的理念,倡导健康教育和传播健康意识。通过体医融合,个体可以更全面地管理自己的健康,实现身体和心理的平衡,提高生活质量。同时,体医融合还有助于推动健康产业的发展,提高社会的整体健康水平。

体医融合在国外的发展模式和运作机制因国家和地区的不同而异,但都强调通过跨学科合作和综合运用不同医学专业的资源和技术,为运动员和患者提供全面、个性化的健康管理和康复服务[67]。这些发展模式和运作机制对于推动体医融合以及提升运动医学水平、促进健康管理和康复领域的创新具有重要意义。体医融合的概念早在19世纪末就被美国学者提及,但是体医融合的相关实施则在20世纪90年代才出现。当时体育运动受到广泛关注,许多医学家开始关注运动与健康的关系。美国从1980年实施国家健康战略开始,每10年发布一次《健康公民报告》。2008年,美国卫生部发布了《美国体力活动指南》,主要用于向政策制定者、医疗卫生工作人员、健身专家提供制定政策与开具运动处方的依据,并向民众提供体力活动建议与指导。美国政府从宏观层面和顶层设计出发,政府主导部门通过宏观调控协同体育、医疗、卫生、教育等多元主体通力合作和联动配合,把体力活动作为健康促进的重要方式,美国卫生与公共服务部同时管理医疗卫生与体育事业,并且形成了以政府为主、协会组织和研究机构为辅、体育健身服务和医疗卫生服务协同配合的运动健康促进指导服务平台。美国运动健康促进指导服务中的各个平台之间既相互独立又相互联系。各平台都从自己的领域出发进行运动健康指导服务,同时彼此之间相互配合,通过科学运动的手段来预防疾病,保障健康,推进医疗健康事业的发展。美国强调医疗卫生与体育非医疗手段深度融合,营造了体医融合发展的治理环境,通过明晰不同利益相关者的权利及责任,构建了体育与健康协同治理体系,建立了体医融合的联动管理机制,构筑整体均衡的合作秩序,走出了多元主体协同治理之路。

德国是世界上体医融合健康促进发展最好的国家之一,体育促进健康早已成为德国民众生活不可缺失的组成部分。究其原因,其影响因素是多方面的,但关键因素是治理理念,德国充分发挥非营利性社会组织的主体作用,成为体医融合健康促进的核心。回顾德国体育治理的历程,不同历史时期,根据国家的利益需要,体育的治理理念均表现出应有的体育价值,尤其是统一后的德国采用"以人为本"的发展理念,体育治理注重于体育休闲提高国民体质健康,同时协同竞技体育与学校体育均衡发展,服务于国家利益需要。德国联邦政府、地方政府、各部委在体医融合推进过程中形成了健全完善的体医融合推进机制;德国在体育与医疗两大人才培养系统中注重跨学科知识的传授,完善了体医融合人才培养机制;德国拥有优秀的体育俱乐部和大量社区康复中心作为运动处方的承接者,并且通过实行强制性医疗保险,推动了非营利性体育组织、营利性体育组织、政府机构和公民形成共赢局面,形成了极具特色的实践发展模式,为德国体医的深度融合提供了持续动力。其中,医保是德国推动体医融合的关键环节,起到连接政府组织与非政府组织的作用,不仅能有效降低公民的消费成本,也能推动体医融合消费市场的形成。

英国初级保健环境中的运动转介计划是一项为有需要的人士制订的一套有针对性的体育活动计划,帮助人们提高身体活动水平,促进健康,并监测活动的进展进而采取后续行动的体医融合服务举措。该计划由英国卫生部委托进行,相继建立并完善了相关体系和质量保证框架,为运动转介计划的良性运行提供了保障。宏观上,英国卫生部主要负责为运动转介计划提供标准框架,建立有效的数据管理系统,以进行数据管理和获取、推广宣传、评估等事宜。地方政府负责提供相应的资助,推动卫生组织和体育组织结合,确保所需的基础设施到位。在计划的具体设计方面,运动计划通常由一个多学科小组进行具体的设计,基层医疗信托基金、健康委员会或健康委员会的代表、康乐服务提供者、全科医生、其他可能的转介人员及运动专业人士将会参与计划的设计。英国在医疗体育体系推动身体活动水平提高的管理组织体系上与我国有着差异,但其干预计划的形成背景,以及在部门合作、利益相关者的责任义务明确、质量标准控制、后续评估等方面采取的方式手段,可对我国体医融合干预计划的实施提供发展思路,从而进一步推动我国的体医融合。

日本作为亚洲发达国家,是较早制定并实施体医融合多元主体协同治理的国家之一,且积累了较为丰富的成功经验。"健康日本 21 计划",又被称为"21 世纪国民健康促进运动",该计划通过对年龄、性别、所属领域的对象人口数和保健服务效果进行统计,每个领域又分成了"健康改善目标、个人行动目标、社会支持目标"三类,既包括了人体生理机能参数评价指标,又有民众直接参与的生活行为习惯改变的目标。以法律形成促进体医融合的现代化治理体系,突出了体医融合的明确性、持续性及协同性。日本从 1988 年开始培养既有医学知识又能指导运动健身的"健康运动指导员",并于 2001 年颁布了《关于健康运动指导员知识和技能审定机构的认证规定》,规定"健康运动指导员"通过资格考试才能上岗;在 2006 年颁布了《健康运动指导员培养及普及方案》,并通过呼吁地方政府、社会团体及企业等用人单位积极参与等措施来提升科学健身的外部指导力,推进全民科学健身的开展。日本体能检查中心对健身的人会根据其身体数据进行体能及医学检查,做到量体裁衣,制订个性化的锻炼计划。日本注重民众日常生活的体力活动,以加强科学健身的自我指导及督促;通过培养既懂医学又懂健身指导的"健康运动指导员",积极推广体医融合的科学健身模式;同时倡导地方政府部门、社会团体等积极参与科学健身指导系列活动,以实现预防慢性病、增强体质健康之目的。此外,日本政府协同多个政府职能部门参与治理,部门间通力合作,明确界定各个部门的侧重和职责划分。政府相关部门主体对国民体育发展有比较明确、清晰的职责定位,其核心职能在于相关政策的制定、监管及财政拨款。在制度政策明确政府主体、社会相关组织的职责、提供体育设施的同时,鼓励企业等主体参与体育设施的投资并帮扶、资助各类国民体育活动,地方政府积极发挥作用,形成体育健康促进的合力。在政府主导的前提下,地方政府、单位、学校、家庭、保险公司、媒体、非营利性组织等共同关注、支持体育促进健康事业发展。同时,市、街道、村与保健中心等部门着重于本区域的体育健康策划,在饮食、运动设施等多个方面为体育活动提供条件,并积极督促国民通过科学健身来预防和缓解慢性病的发生。

发达国家的体医融合历程及经验,可以为我国主动健康推进体医融合的未来治理提供启示。体医融合在国外的发展模式和运作机制因国家和地区不同而略有差异,但都强调跨学科合作和综合运用不同医学专业资源和技术,为运动员和患者提供全面、个性化的健康管理和康复服务,这些发展模式和运作机制对于推动体医融合以及提升运动医学水平、促进健康管理和康复领域的创新具有重要意义。不同职能部门在主动健康推进体医融合中的权利和责任清晰明确,形成责任落实"闭合回路"。将运动医学、健康体适能、运动损伤与康复等营利性组织与注重社会公益、服务意识强、分布广泛、组织灵活等属性的非营利组织相结合,发挥各自优势,优化资源配置,充分发挥市场的责任,一定程度上提升体医融合的关联度。通过宏观层面的顶层设计,强化了体医融合政策导向,明确多元参与主体的责任和权利,对体医融合的战略规划、重要项目及关键目标赋予法律保障。同时,通过中观层面的统筹协作,协调各个系统、领域、部门的具体职责,把相关要素纳入统一的框架系统规划。此外,通过微观层面的实施办法,细化了政策落实步骤,提高政策的可操作性和支持度,实现了政策的约束力。

从发展现状来看,美、德、英、日四个国家已形成职责分工明确、组织制度完善、运行程序规范的体医融合模式,并且通过对比发现美国在体医融合方面是做得最成功的,以下五点经验可供借鉴:一是建立以政府为主体、体育与卫生健康部门协同、社会组织参与的联动管理体制;二是打破体育与卫生健康之间的职业资格认证的壁垒,加强各部门之间的合作,简化办事流程,实现信息和资源共享;三是建立复合型体医融合人才培养模式;四是卫生部门建立运动处方库以及数据化共享信息平台;五是将运动处方纳入卫生医疗服务体系,医生开具运动处方。美国的综合医疗团队是体医融合实践的典型模式,其将体育医学与其他医学专业相结合,形成综合医学中心,为运动员和患者提供全面的健康管理和医疗服务。综合医学中心通常由跨学科的专家团队组成,包括运动医学专家、康复治疗师、营养师等,通过团队协作为患者制定个性化的治疗和康复方案。日本的综合医疗也是体医融合实践的重要模式,它是将传统医学与现代医学的治疗方法相结合,为患者提供综合性的医疗护理。医疗科的特点是医生的角色变化,医生不再是传统医学的专家,而是整合医学的主导者和协调者。德国的综合医学中心是体医融合的重要形式,综合医学中心通过整合不同的医学系统和治疗方法,为患者提供全面、个性化的医疗护理。而中国将传统中医医学与现代西医医学相结合,形成中西医结合的体育医学模式。这种模式融合了两种医学系统的优势,为运动员和患者提供个性化的治疗和康复服务。

这些中心通常由中医、西医、心理治疗等多个专业团队组成,形成跨学科的合作机制。综合医学中心的运作模式包括个体化的健康评估、个体化的治疗方案、综合的医疗服务和康复护理等。体医融合在不同地方的实践中融合发展了多种模式和经验,这些模式都注重整合不同的医学系统和治疗方法,为患者提供全面、个性化的医疗护理。这些经验实践对于体医融合的发展和应用具有重要的推动意义。首先,评估体育与医学融合的一个重要指标是参与者的健康改善情况。通过测量体育运动对身体的生理指标影响,如心率、血压、体重等,评估运动对健康的积极作用;通过跟踪患者的病情和康复进程,评估体育康复对康复效果的影响。其次,对于运动员来说,体育与医学融合有可能提高运动表现和竞技能力。因此,可以通过比赛成绩、技术水平、体能指标等来评估运动员在接受体育与医学融合服务后的表现是否有所提高。再次,对于康复服务来说,评估康复效果是至关重要的。可以通过评估患者的功能恢复程度、疼痛缓解情况、生活质量提高等指标来评估康复效果。在后期的跟进治疗过程中,通过对参与者进行满意度调查,了解他们对体育与医学融合服务的评价和反馈。参与者的满意度反映了服务的质量和效果,可以帮助改进服务内容和提升用户体验。体医融合的发展还应该伴随着科学研究的深入,通过临床试验、对照研究、案例分析等方法,收集更多的科学数据和证据,验证其对健康管理和康复的有效性。体医融合可以带来社会和经济效益,例如,通过提供健康管理和康复服务,减少医疗资源的浪费,减轻社会的医疗费用负担。最后,通过以上评估指标和方法,可以对体医融合的发展成效进行综合评估,从而及时发现问题、改进服务,提高体医融合的质量和效果。此外,随着体医融合的不断发展,还需要不断完善评估指标和方法,进一步深入研究其对健康管理和康复的长期效果和持续影响。

　　体育和医学作为两个重要的领域,都对人类的健康和福祉产生必然的影响。体育锻炼作为一种主动的活动,有助于维持身体的健康状态,提高生活质量。而医学作为一门科学,关注疾病的诊断、治疗,为人类提供现代医疗。两者之间存在紧密的联系,通过整合体育预防和医学,可以创造更全面、个性化的健康管理模式,从而促进人类的整体健康和福祉。体育在促进人类健康方面发挥着重要作用。定期的体育锻炼有助于增强心血管系统的功能,适当维持体重,增强肌肉,改善心理健康,减少慢性病等风险。此外,体育还可以培养团队合作精神和领导能力,从而提高整体生活质量。医学则为人类提供了先进的医疗手段,可以对疾病进行早期检测、诊断和治疗。通过医学技术,人类可以延长寿命,减少病痛困扰,提高生活质量。医学还在研究新药物、新疗法以及基因治疗等领域取得了突破,为各种疾病的治疗提供了更多可能性。体育和医学并不是孤立存在的,它们之间存在许多潜在的联系和互补。首先,体育锻炼可以作为一种预防和康复手段,有助于降低患疾病的风险以及促进康复过程。例如,一些慢性病如心血管疾病、糖尿病等都可以通过适当的体育锻炼得到管理和控制。此外,运动也可以帮助改善心理健康,减轻焦虑和抑郁。其次,医学的知识和技术可以优化运动锻炼的效果。通过运动生理学和营养学的研究,个体可获得更科学的运动计划和饮食方案,以达到更好的健康效果。医学技术也可以用于运动损伤的诊断和康复,提供个性化的治疗方法。最后,研究整合体育和医学领域有利于创造更综合性、个性化的健康管理模式,从而提升人类的整体健康水平。通过充分利用体育和医学领域的知识和技术,人们可以更有效地预防疾病、提高生活质量,甚至延长寿命。整合体育和医学可以促进健康教育,帮助人们更好地了解身体健康的重要性以及如何通过合理的锻炼和饮食习惯来维持健康。另外,整合体育与医学可以促进跨学科合作,使运动科学、运动医学和临床医学等领域的专业知识得以相互交流,提升整体健康管理水平。整合体育与医学还有望推动健康科技的发展,如生物传感器、健康追踪设备等,从而实现更精准化、个性化的健康监测和管理。也就是说,体育与医学的整合具有重要的理论和实践意义。深化这一领域的研究，可以为增进人类健康和福祉贡献力量。

体育锻炼在人类健康中扮演着重要的角色，对身体健康的多个方面产生积极影响。研究表明，体育锻炼对心血管系统有益，可以降低高血压、降低胆固醇水平、改善心血管功能。根据美国心脏协会的数据，适度的有氧运动可以降低患心脏病、中风和高血压的风险。例如，每周 150 分钟的中等强度有氧运动可以显著降低心血管疾病的发生率。体育锻炼对肾功能健康同样有益。研究表明，定期运动有助于控制体重、增加摄入质量、加速胰岛素分泌[68-70]。根据美国糖尿病协会的数据，体育锻炼对于预防 2 型糖尿病和管理糖尿病患者的血糖水平至关重要。同时，体育锻炼还对免疫系统产生影响。体育锻炼可以增强免疫细胞的功能，提高对疾病的积极抵抗力。研究表明，每天锻炼可以降低感染风险。例如，美国国家运动医学研究院的数据显示，进行有氧运动可以增强免疫细胞的活性，从而减少感染的机会。体育锻炼不仅在健康维护中具有重要作用，还在预防和康复方面具有显著的意义。例如，针对慢性疾病（如心血管疾病、糖尿病），体育锻炼可以降低突发风险。此外，在康复过程中，体育锻炼可以帮助患者恢复功能，减轻疾病的影响。加强体育锻炼作为一种非药物干预身体健康的手段，在预防和管理慢性疾病方面的效果不容忽视。总的来说，体育锻炼对心血管健康、促进健康和免疫调节等有积极影响，具有显著的预防和康复作用[71-73]。通过引用相关研究和数据，我们可以更明确地了解运动对身体健康的重要性，并强调其作为健康管理手段的价值。

医学在运动领域的应用对于提高运动员表现、预防运动损伤以及促进康复有重要意义[74]。运动生理学研究人体在运动和锻炼时的生理变化。在运动生理学中，医学技术可以通过精确的测试和监测，帮助运动员了解其身体反应，优化训练计划。例如，运动生理学测试可以测量最大摄氧量和收缩阈值训练,从而帮助训练者制订个性化的训练强度和心率区间。医学技术如运动生理学中的呼吸气体分析和心率监测等设备,可以提供准确的生理数据,指导训练过程,从而提高运动员的耐力和表现。医学在营养学中的应用包括制订个性化的饮食计划,根据运动员的健康需求和营养需求提供适当的营养补给。医学技术通过测量体脂率、可抽取质量和消耗率等,帮助运动员了解其组成和消耗特点,从而进行科学合理的饮食调整。此外,血液分析和遗传检测等医学技术可以帮助确定个体对某些营养物质的需求,实现更精准的营养补充。运动损伤也是体育领域常见的问题,康复医学在此方面发挥着关键作用。医学技术如 X 射线、核磁共振等影像技术可以用于评估运动损伤的严重程度。康复过程中,医学技术如物理治疗、康复训练和生物反馈可以帮助恢复受损的骨骼和关节。医学技术还包括运动损伤预防方法,如运动员运动监测和运动生物力学分析,可以帮助运动员改善技术和姿势,减少运动损伤、降低损伤风险。综上所述,扩大医学在体育领域的应用,例如运动生理学、营养学、康复医学等多个方面,通过医学技术的运用,可以为运动员提供个性化的训练和康复方案,这种跨学科的合作为体育领域的发展和运动员的健康提供了强有力的支持。

运动与医学之间的跨学科合作对于实现综合的健康管理具有重要意义。运动科学、运动医学团队和临床医疗团队可以整合不同领域的专业知识,为个体提供更全面、个性化的健康服务。运动科学研究人体在运动和锻炼时的生理变化和运动,运动医学关注运动对健康的影响以及运动损伤的预防机制和康复。这两个领域的协作可以确保训练和锻炼计划更加科学合理,例如运动科学的数据可以为运动医学团队提供关于运动强度、心率区间等的信息,从而定制适合个体的运动方案。运动医学团队和临床医疗团队的协作可以实现全面的健康管理。运动医学团队可以通过运动生理学测试、体适能评估等提供个体运动能力和健康状态的数据。这些数据可以与临床医疗团队的健康检查结果结合，形成更全面的个体健康画像。协作可以发现潜在的健康问题，提供早期干预和预防策略。跨学科合作可以实现个体化的健康管理方案。通过综合运动科学、医学知识和临床数据，可以制定针对个体特色、状况和目标的方案。这种个性化方法可以提高方案的持续性，促进达成健康目标。跨学科合作可以将运动、健康和疾病风险因素综合考虑，实现全面的健康风险评估，运动医学团队的数据可以补充临床医疗团队的信息，提供更准确的健康风险评估，这有助于制定更多污染物的预防措施和健康管理方案。跨学科合作还可以加强健康促进和教育，例如运动医学团队和临床医疗团队可以共同为个体提供健康教育，帮助他们理解健康管理的重要性。综合来看，体育与医学之间的跨学科合作是实现综合健康管理的关键。通过运动科学、运动医学团队和临床医疗团队之间的协作，可以提供更全面、个性化的健康服务。

未来，体育与医学一体化将继续向更深入和定制化的健康管理方向发展，整合一些新兴技术以提供更全面的健康服务。未来的体育与医学一体化将更加关注个体的特征、需求和健康目标，设计更加定制化的健康管理方案。通过综合运动科学、医学知识和大数据分析，可获得个体精准的运动计划、营养方案，这将有利于最大限度地满足个体的健康需求，促进个体在健康、运动和康复方面的成功。虚拟现实（VR）和增强现实（AR）技术将在康复领域发挥越来越重要的作用。通过虚拟环境和虚拟现实体验，个体可以进行更有趣和有动力的康复训练。例如，一个受伤的运动员可以利用 VR 技术进行康复锻炼，享受焕然一新的视觉和声音效果，这有助于提高患者康复的积极性和康复效果。通过遗传检测，了解基因组特征和潜在健康风险，这将有助于制定更精准的措施预防和运动方案,以减少特异性遗传风险。人工智能(AI)将在数据分析、预测和个性化建议方面发挥重要作用。人工智能可以处理大量的健康和运动数据以及预测健康问题,为个体提供实时建议。应用于康复设备的自动化技术,可以提供个体化的康复训练,减轻医疗团队的负担。未来,更多的在线健康平台和移动应用将出现,为个体提供方便的健康管理工具。这些平台可以整合个体的健康数据,为他们提供实时反馈、指导和支持。个体可以随时随地获取健康信息和建议,实现更有效的健康管理。综合来看,未来体育与医学一体化将更加关注个性化的需求和技术创新,实现更加定制化、自动化和全面化的健康管理。新兴技术的应用提高了健康管理的可持续性,为个体的健康和福祉带来更大的提升。

研究表明,体育与医学的整合改善了人类健康[75]。这种跨学科合作不仅可以提高运动员的表现力,还能够促进个体的健康、康复和预防,从而实现更全面、个性化的健康管理。研究发现,运动整合科学与医学知识可以有效预防运动损伤,提高运动员的康复速度[76]。通过运用生物传感器、虚拟现实等现代技术,人们可以采用更多创新性的康复方法,加速康复过程。个体的健康状况、生理特征各有不同,因此个性化的健康管理至关重要。整合体育和医学能够通过现代技术和数据分析,为个体提供定制化的健康方案,使健康管理更加精准有效。未来,体医融合的发展方向,包括更深入的定制化健康管理、虚拟现实在康复中的应用以及人工智能在数据分析中的应用等,这些趋势使健康管理更加科技化和标准化。综合来看,整合体育与医学对于改善人类健康的重要性已经得到了研究证实[77-78]。随着科技的不断进步和研究的深入,我们可以期待更多创新性的方法和策略,为个体提供更好的服务。因此,继续研究整合体育和医学的价值将是持续努力的方向,以实现更优质的健康管理目标。

　　针对不同的社会环境和人群,可以考虑基于社区健康服务、老年健康服务、工作场所和学校等不同场景来研究体育与医学融合的模式。在社区健康服务中,可以通过定期的健康检查、体能评估和健康宣教来促进居民的健康。整合体育和医学,可以为社区居民制订个性化的健康计划,提供运动建议、饮食指导,慢性病社区健康中心可以与运动科学专家、医生和营养师合作,提供综合性的健康服务,增进社区居民的健康和福祉。通过定制化的运动计划、康复训练和营养指导,可以帮助维持活力、预防运动损伤以及管理慢性病。此外,通过社交活动和运动俱乐部等方式,还可以促进人与人之间的交流和互动,增强社会支持。工作场所健康管理是一个重要领域,可以通过整合体育和医学来提升员工的健康和工作效率。公司可以提供健康评估、体育课程、健康饮食等服务,鼓励员工积极参与健康促进活动。此外,也可以通过数据分析了解员工的健康状况,为公司提供员工健康管理的建议和策略。学校是培养下一代健康习惯的重要场所,整合体育与医学可以在学校进行运动教育、健康教育和体育锻炼,提高学生的身体素质和健康意识。学校可以与运动教练、医学专家和营养师合作,提供全面的健康教育和指导,帮助学生养成健康的生活方式。综合来看,基于不同社会场景的体育与医学融合模式可以针对特定人群的健康需求,提供个性化的健康服务。无论是在社区还是学校等场景,体育与医学的融合都有助于改善人们的健康状况,提高生活质量。通过不同模式的研究,可以进一步推动体育与医学融合发展,为不同人群提供更优质的健康管理服务。

　　体育与医学融合在功能性、社会性和经济性方面都具有重要的作用,为个人和社会带来积极的影响。体医融合的功能效果体现在健康促进与疾病预防方面,体育与医学融合可以为个体提供定制化的健康管理方案,包括运动计划、营养指导等,这有助于预防慢性疾病的发生,改善心血管健康等,提高身体的整体功能。通过运动和康复训练,个体可以恢复运动能力,减少身体功能的损伤,加速康复进程。体医融合的社会性效果体现在社交互动,即体育与医学融合可以在运动中促进社交互动。社区、学校、商场等不同场景的健康服务可以为个体提供交流和互动的机会,增强社会支持。在社区健康服务中,整合体育与医学可以促进社区成员的聚集力。共同参与健康活动和运动,有助于加强社区内部的联系,建立共同的健康价值观。在经济性效果方面,通过健康促进、疾病预防和康复,体育与医学融合可以降低医疗成本。慢性疾病的减少和康复速度的提升可以降低医疗资源的使用,为个人和社会节省费用。在工作场所健康管理中,整合体育与医学可以提高员工的健康和工作效率。健康的员工更有动力和精力参与工作,减少因健康问题而带来的工作中断。体医融合在功能性、社会性和经济性方面都是积极的,它不仅可以提升个体的健康水平和生活质量,还可以促进社会聚集力和健康文化的传播效果,同时,进一步推进体育与医学的融合,实现更全面的健康管理。

进行体医融合的政策研究是为了制定完善的政策和策略,促进体育和医学的整合在健康管理中的应用。体医融合的现代发展需要政策的支持和引导。社会面临着健康问题的挑战,包括慢性疾病的增加、生活方式的不健康、医疗资源的不足等,而整合体育和医学可以有效应对这些挑战。然而,体医融合涉及多个领域,更需要政策的协调、资源的整合以及法律法规的保护,以保证其可持续发展和合法合规实施。政策研究的目的在于为整合体育和医学提供指导性的政策建议。制定相关政策可以促进体医融合的发展,推动不同领域的合作与协调,鼓励科技创新和数据共享,个体的健康权益和数据政策研究还可以为政府、机构和行业者提供实施方案,推动整合体育和医学在社会各个方面的实际应用,从而改善健康管理、提高生活质量。整合体育与医学的重要性不言而喻,而相关政策的制定和研究将有助于为体医融合提供合适的框架和指导,推动这一领域的进一步发展,以达到更良好的健康管理效果。个性化的运动计划、营养指导和健康教育可以帮助个体养成健康生活方式,降低患病风险。以研究为重点,整合运动与医学的康复方法可以加速康复进程,降低运动损伤的发生率。运动医学研究也提供了针对不同病症的康复治疗运动处方。数据分析、生物传感器等技术可以为个体定制健康方案,根据个体的生理特征和目标定制运动计划和营养方案。不同国家或地区在体医融合方面的政策实践存在差异,但普遍强调健康促进和预防。中国推动体医融合注重运动与医学结合,制定运动医学标准,鼓励医生运用运动处方,促进个体健康管理。美国强调疾病的预防和康复,以及医疗机构与运动机构间的合作,为患者提供个性化的康复计划和运动指导。欧洲国家普遍推动健康促进,通过政策和项目鼓励人们参与运动,提供健康教育和健康管理服务。从不同国家或地区的实践中,我们可以获取经验和教训,成功的体医融合需要不同领域的专家合作,医生、运动教练、营养师等需要共同制定健康方案;在数据整合时,需要严格保护个人的隐私权,制定相关法律法规和隐私政策;政府在推动体医融合方面需要提供政策支持,鼓励技术创新、人才培养和资源投入。

体医融合政策的目标是提升健康管理效果、降低医疗成本以及促进个体参与。首先,提升健康管理效果。通过整合体育和医学,个体获得更全面、个性化的健康方案,包括运动计划、康复方案、营养指导等,从而提升生活质量和健康水平。其次,降低医疗成本。通过健康促进、疾病预防和康复,体医融合可以降低医疗成本。减少慢性疾病发生和加速康复可以减轻医疗资源压力,降低医疗支出。最后,促进个体参与。政策应鼓励个体积极参与健康管理,增强个体的能动性。体医融合的政策目标是使个体成为积极健康管理的主体,以实现长期的健康成效。政策制定的原则包括个性化关注、定制化健康管理、数据隐私保护、跨学科合作以及技术创新支持。在个性化关注方面,政策应强调个体的差异性,提供个性化的健康管理方案。在定制化健康管理方面,相关政策的制定应当推动健康管理的定制化。结合现代技术,如数据分析、生物技术等,政策支持可以为个体提供运动计划、饮食方案等,促进个体的健康需求。在数据隐私保护方面,在整合体育和医学的过程中,涉及大量个体健康数据。政策应当明确数据隐私保护的原则和措施,确保个体数据的安全和保密,防止窃取和泄露。跨学科合作方面,政策应鼓励医学专家、运动科学专家、营养师等不同领域的专业人士合作。政策可以推动建立跨学科合作平台,促进知识交流和资源整合。相关政策应支持技术创新,鼓励研发运动监测设备、健康追踪应用等,提升健康管理的效果和便利性。最后,通过明确政策的保障目标和原则,可以为体医融合的实际实施提供指导,确保其在健康管理领域发挥最大的成效。

体医融合涵盖健康管理多个领域,包括预防、康复、老年健康等。针对老年人群,体医融合可以提供个性化的老年健康管理。定制化的运动计划、营养指导和社交活动可以帮助老年人维持身体和心理健康。政府和相关机构可以制定统一的运动医学标准,规范运动规则和健康评估。这有利于保障全民的健康权益,提升全民医疗融合领域的质量和可信度。鼓励科技创新,支持开发智能健康追踪设备、运动监测应用等,这些技术可以实时监测个体运动和健康数据,为定制化健康管理提供数据支持。通过政策鼓励建立多学科合作平台,促进医学专家、运动科学专家、营养师等专业人士之间的交流与合作。推动加强健康教育,提高个体对健康管理的认知和意识。通过举办健康宣讲、培训活动等,提供健康知识和技能。探索设立健康奖励机制,根据个体的健康行为和成果,鼓励个体积极参与健康管理。通过以上具体政策举措,可以推动体医融合的实际落地,为个体提供更全面、个性化的健康管理服务,实现健康管理的最佳效果。

体医融合在提升功能性方面,涉及身体成分、有氧能力和运动技能等。体医融合可以帮助个体管理体重、控制身体脂肪含量,促进运动发展。医学专业人士结合运动科学知识,制定合理的饮食和运动方案,实现身体成分的优化。通过有氧运动,如跑步、游泳等,人们可以提高自身心肺功能和耐力。医学团队和运动科学团队合作,制定有氧运动方案,有助于提高个体的有氧能力,减轻心血管负担;制订伸展性和柔韧性训练计划,提高个体关节的灵活性,减少不必要的损伤和伤害。运动技能的提高不仅有利于运动表现,还可以降低运动损伤的风险。运动科学团队通过技术指导和康复训练,帮助个体提高运动技能,确保运动的安全和效果。体医融合可以提升个体的平衡感和协调能力,减少摔倒和运动伤害的风险。康复师可以设计平衡和协调训练,恢复个体的运动能力。体医融合强调功能性训练,即模仿日常生活中的动作,提高身体的功能性。通过这种训练,个体可以更好地进行日常交往活动。综合来看,体医融合可以在多个方面提升个体的功能性。通过医学专业知识和运动科学的结合,为个体定制运动方案,实现身体成分的优化、有氧能力的提高等。

体医融合在社会性方面产生正面影响,包括人力资本、社会资本和社会整合等。体医资本融合可以通过促进健康,提高个体的人力资本。身体健康与工作效率、创造力、生产力密切相关,通过健康管理和运动,个体能够更好地发挥工作能力,提高劳动生产率。参与社交体育活动不仅有助于保持健康,还能扩大社会圈子,提高社会资本。参与健康团队、运动社群等可以促进个人与社会支持网络的建立,增强社交资本。体医融合可以促进社会一体化,让不同年龄、性别、社会背景的个体共同参与社会运动和健康活动,这有利于打破隔离、减少社会不平等,促进社会的共融。社区中的健康促进活动可以增强社区聚集力,让居民共同参与、合作,提高社区的整体幸福感。健康的个体往往对家庭、社会产生影响。通过健康的活动,个体可以成为积极的典范,鼓励他人也参与健康活动,从而推动社会整体健康。体医融合强调个体健康管理的全面性,医疗专业人士和运动科学团队的合作构建了一个全方位的健康支持网络,有利于个体获得全面的支持和指导。综合来看,体医融合的社会性效果关系到个体的健康,还涵盖了对人力资本的提升、社会资本融合的增强、社会一体化的促进等方面。通过这些效果,体医融合在社会层面产生了积极的影响,促进了社会的健康和共融。

二、体医融合的地方实践与模式总结

在中国,体医融合的地方实践与模式逐渐发展,并在一些地区取得了积极的成果[75,79]。总结健康中国建设中体医融合的地方实践案例,无疑是推进体医融合的重要环节。无论是发达国家,还是发展中国家,公共健康都是社会经济发展中的重要议题,体医融合是解决公共健康问题、缓解社会负担的良策。体医融合研究的逻辑起点和基本前提是要准确地认识国情,准确地把握国情,在此基础上形成真正需要研究的问题。

体医融合的优势在于提供综合性健康管理和康复服务并强调预防和早期干预,同时提高运动表现。在综合性健康管理方面,通过综合考虑身体、心理和社会等方面的健康因素,提供个性化的健康管理方案,更全面地促进个体的健康和幸福感。在预防和早期干预中,体医融合强调预防胜于治疗的理念,通过运动和体育活动,预防疾病的发生和发展。体医融合在康复领域也有明显优势,运动和体育活动可以促进康复过程,加速患者的康复进程,提高康复效果。康复运动的个性化设计可以更好地满足患者的康复需求。对于运动员来说,体医融合可以提高运动表现和竞技能力,通过专业的运动训练和康复,改善运动员的体能和技术水平,提高其竞技成绩。体医融合的发展潜力在于促进健康产业的发展、推动跨学科合作、实现个性化医疗、普及健康教育等。通过持续的努力和创新,体医融合将在未来实现更广泛的应用和发展。这种融合模式将推动运动医学、康复医学等相关学科的发展,带动健康产业的蓬勃发展。体医融合也需要医学、体育、康复等多个学科的专业知识和技术相互融合,大幅度促进跨学科的合作和交流,形成更加完善的健康管理和康复体系。体医融合强调个体差异和个性化服务,随着科技的发展,将有更多的精准医疗技术应用于体育与医学融合实践,实现个性化医疗服务。但是,体医融合不仅是医疗服务,还涉及健康教育和宣传,通过体育运动的宣传和推广,有助于普及健康知识和健康理念,提高公众健康意识,促进全民健身,形成终身体育的意识。

　　首先,虽然体医融合的发展有巨大的潜力和优势,但是在我国发展过程中也面临着许多挑战。由于医学和体育领域的专业性较高,其彼此交叉合作也相对较少,在推动其相互融合的过程中面临学科交叉和跨界合作的困难。因此,在推动体医融合的过程中,应充分利用体医融合相关高校、科研院所、一线基层专家的智力支撑,组织各部门相关的学科专家,评估论证工程的合理性、可靠性及可行性;划分主体责任,确保由专门机构及专业人员负责;加强跨学科合作和交流,建立跨医学和体育的研究机构和团队,并且鼓励医学院校和体育院校相互合作,同时加强培养具备综合医学和体育知识的专业人员。在传统医学体系中,体育医学往往没有得到足够的重视。医学专业教育中缺乏对体育医学人才的系统培养,导致缺乏专业的体育医学人才。所以,要积极推动体育医学纳入医学教育的课程体系,加强对体育医学知识的教学和培训,提高医学专业人员对体育与医学融合的认识和重视程度。鼓励医学院校设立专业的体育医学学科,建立体育医学的教学和研究机构。在中国,人们较低的体育意识和体育参与率,导致体医融合的推广和普及面临巨大的挑战。因此,在体医融合的快速发展阶段,各级政府要提升主导主体对体医融合协同治理的战略性认识,清楚政府主导主体的战略性任务,主导其他相关主体参与体医融合形成规范性互动,也要引导全社会形成主动健康意识,促进体医融合的观念、习惯与爱好等非正式性制度的社会变迁,凸显体育在疾病预防、治疗及康复中的功能,发挥体育的主动健康促进功能的协同效应,科学发展全民健身,缓解民众的健康需求与供给的矛盾,卫生医疗工作以疾病诊疗为中心,同时提升主动健康推进体医融合战略意识,把体医融合相关工作明确纳入政府工作总体规划、财政预算、重点工程与政绩考核之中。此外,政府也可以制定相关政策,鼓励运动健身,提高公众对体育运动的参与率;推广成功的体育与医学融合案例,增加公众对此服务的认可度。

其次,医疗体系的分割和信息孤岛也是阻碍体医发展的问题,在现有医疗体系中,不同医疗机构和科室之间存在信息孤岛和资源分割的情况,导致体医融合的推进面临协调和整合的问题。在资源配置方面,应优化资源配置,充分协商跨部门、跨行业、跨区域的问题,通过集中讨论、集思广益、专项办理、现场办公,为落实过程中遇到的各类问题提供解决方案。因此,建立医疗信息共享平台,促进不同医疗机构和科室之间的信息交流和资源共享。鼓励医疗机构建立综合性的体育医学中心和康复中心,实现不同医疗服务的整合是必要的。由于政策和体制的不完善、政策法规的缺乏和医疗体制的限制,体医融合的推动也会更加被动。为了促进主动健康,政府可以出台相关政策,支持体医融合发展,提供经费和政策支持。同时,建立健全相关的医疗体制和机制,鼓励医疗机构和医务人员积极参与体育与医学融合服务。形成体医融合"四方合作",即卫健委及体育局、三甲医院、社区医院和温暖医学社区健康服务中心的四方合作。四方合作路径避免了医疗器械配置不足、设施场地不足、社会体育指导不专业、医生忙碌没时间、体育指导有风险等实际操作中的问题,最终实现对患者的体医融合治疗,达成医疗因高效而满意、患者因康复而满意、体育因特长发挥而满意和国家因减轻医药负担而满意的多方共赢。体医融合将极大改变医生服务模式:将医生从一对一服务转为团队服务,把科学锻炼指导师变为团队的重要组成部分;将医生从院内服务延伸到院外服务、从医药服务获利转到健康服务获利;将极大推动国家号召的两个转变——从"医疗健康干预"向"非医疗健康干预"转变、从"以治病为中心"向"以健康为中心"转变,提供温暖医学"三全"服务模式。

再次,利益作为不同主体行为的基本根据和指向,群众不可能接受与认同建立在利益不均衡甚至利益剥夺基础上的体育服务主体与医疗服务主体。面向整体和未来可持续的利益分配,是体医融合多元主体协同治理的本质要求。体医融合多元主体协同治理发展中某一主体的利益和整体社会健康利益的一致性,往往是在长远和可持续的评价中做出的。但在短期、初始的评价视域下,则可能意味着某一主体的损失与牺牲。基于以上考虑,体医融合多元主体协同治理利益认同的重建,先要坚持正确的利益均衡观,在体医融合多元主体协同治理的框架范畴中,重构不同主体关于利益及需求的观念以及什么对自己和其他主体有利的信念,更新多元主体对自身利益的理解。在实践层面上,要充分考虑主动健康的优势,精准化供给全民科学健身公共服务,促进非临床状态的民众形成科学健身的行为习惯,达到疾病预防的目标;同时体育作为非医疗手段,为临床状态的慢性病患者提供了更为科学的干预方式,达到疾病治疗与康复的目的。但这也要考虑到医疗服务主体进行非医疗手段治疗,意味着总体医药费用的下降,在不影响其收入的情况下,政府应根据医药费的下降比例,给予其对等甚至稍高的补贴。体医融合应着眼于未来的持续发展,逐步构建起以主动健康推进体医融合为导向的健康规划和经济发展平台,使体育主体的利益、医疗主体的利益及社会利益形成有效联动与均衡,真正使社会公众从主动健康推进体医融合多元主体协同治理路径实践中获得公平、持续的受益,形成利益共享的发展格局。

最后,通过不断的创新和努力,体医融合将为中国的健康管理和康复领域带来更多的机遇。体医融合在中国的未来发展包括建立综合性医学中心、推动运动医学的教育和研究、建设体育康复中心、强化健康教育和宣传、推动体育与医学科技创新等方面。中国可以建立更多的综合性医学中心,将体育医学与其他医学领域相结合,形成跨学科的专业团队。这些中心可以提供全面的健康管理、康复和运动医学服务,为运动员、患者和普通公众提供一站式的个性化健康解决方案;加强对运动医学的教育和研究,培养更多的运动医学专业人才,推动运动医学学科的发展。在医学院校和体育院校之间建立更密切的合作关系,促进运动医学知识的传授和学科交流;在各地建设更多的体育康复中心,为运动员和患者提供专业的康复服务。体育康复中心应配备先进的康复设备和技术,由专业的康复治疗师提供个性化的康复方案,帮助患者更快地康复;加强健康教育和宣传,提高公众的健康意识和体育参与率。政府可以通过各种途径宣传体育运动的重要性和健康益处,鼓励人们积极参与体育活动,提高国民的整体健康水平;在未来的发展过程中,体医融合可以借助先进的科技手段,推动体育与医学的融合和创新。

　　体医融合政策研究是为了促进体育和医疗领域的有效合作,以实现全面健康管理的目标。这项研究以制定政策、法规和指导方针为基础,以确保医疗、运动和健康管理能够有机地结合,为个体提供更好的健康服务。制定促进体医融合的政策,包括合作机制、数据共享、技术创新等方面,鼓励医疗机构、运动机构和科研机构之间的合作以实现综合的健康管理。制定医学和运动领域的规范标准,包括医学诊断、运动训练、健康评估等方面,确保运动和健康管理方案的安全性和有效性。政策可以鼓励医疗专业人士和运动科学专业人士之间的跨学科培训,提高他们在另一个领域的理解和合作能力。

　　加强顶层设计,将主动健康理念融入政策,统筹协调各责任主体落实相关健康责任。制定和完善健康及其相关领域的法律法规,确保个体的健康数据在共享和使用过程中得到适当的保护,维护个体隐私权。政策可以提供支持,鼓励技术创新,如生物传感器、健康追踪设备等,以提升健康管理的效果。政府可以通过健康教育和宣传,增强公众对体医融合的认识和理解,鼓励个体参与健康管理。政策可以支持建立跨领域合作平台,促进医疗机构、运动机构等各部门之间的信息共享和资源整合。政府可以提供经济刺激,鼓励医疗机构和运动机构合作,开展体医融合项目,推动合作的发展。综合来看,体医融合的政策研究旨在为医疗和运动领域的合作提供框架和指导,确保个体能够受益于综合的健康管理。这需要政府、医疗机构、运动机构等共同努力,促进整合性政策的制定和实施。

　　引入社会资本,拓宽宣传途径。要有社会资本的注入,发展才有保障、生存才有活力、服务才有温度。线上信息的宣传具有传播速度快、传播量大以及便捷的特点,并且不受时间与地点的限制。同时,拓宽宣传途径:一是推动数字体育建设,在体育文化、体育资讯、体育赛事以及科学健身讲座和体育专题节目中积极宣传体医融合的优势特点、参与途径等,更新体育、医疗与健康的咨询以及主动健康推进体医融合项目的活动与讲座通知。二是利用平台进行宣传,扩大体医融合理念促进居民健康理念的宣传,引导居民广泛参与体医融合活动。三是充分利用大数据及云计算,汇集主动健康推进体医融合的相关知识、理念、活动、热点内容以及前沿动态,以图片、视频等多种形式在网站、手机 App、微信公众号等新媒体平台推送体医融合相关知识,潜移默化地引导居民树立"运动是良医""自己是健康第一责任人"的理念,增强健康信息的可及性,促进群众选择科学的主动健康行为。

因此,体医融合作为健康中国战略的重要组成部分,其实施的准确性取决于对中国体医融合实际状况的真实把握,取决于第一手数据资料的真实性。挖掘体医融合对健康中国建设的价值,阐释体育与医疗卫生的关系和体医融合的意涵、理念、机制、特征、模式、法规、政策等都是必需的,但仅停留在理论认识和学理阐释是不够的,还需要深入实际,对不同区域、不同群体、不同阶层进行调查分析,准确地认识和解决体医融合中出现的各种问题。

三、主动健康推进体医融合的典型案例

随着健康中国建设的不断推进,在主动健康框架下,如何从以治病为中心转变成以人民健康为中心成为亟待解决的重要问题,健康关口前移已成为健康中国行动的宗旨。主动健康的概念强调在个人的整个生命周期中进行系统和主动的健康监测、分析、评估和干预。这涉及个人观念的改变,以及积极主动地应用健康设备,以获得健康状况的认识,并利用社区的自然、社会和文化资源来维持他们的健康。研究发现,主动健康管理是居民健康意识自主强化的动态过程,健康管理的设施、设备、服务的可获得性是强化居民健康管理自主性的关键。作为一种新兴健康服务模式,主动健康推进体医融合服务模式在我国从零发展至今,模式尚未形成,也未形成完善的服务供给体系,仍处于初步探索与局部实践阶段,因此探寻适合当地的主动健康推进体医融合新模式成为当务之急。调查发现,上海、北京、深圳、厦门等经济发达地区已经开展了试点工作,初步形成了结合自身资源与特色的主动健康推进体医融合服务模式。

作为社区体育运动与医学融合的先驱,上海一直处在实践探索的最前沿。2016 年《"健康中国 2030"规划纲要》发布两个月后,上海市静安区大宁路街道就开通了第一个提供体医融合健康服务的嵌入式社区活动中心,为社区中的老年人提供综合主动健康服务。调查发现,中心配备了与传统健身俱乐部不同的健身器材,以适应老年人体育锻炼的特点,并为老年人提供健康测试、器械指导锻炼、慢性病锻炼干预措施和社交娱乐等服务。社区的专业保健服务可以满足社区中老年人的运动与健康需求。同时,街道已开设五个社区老年人活动中心,建立了上千个老年人健康档案,中心约九成的老年人养成了定期锻炼的习惯,超过七成的慢性病老人在参与体医融合服务后健康状况有所改善。目前,上海已在各区建立了 17 个社区老年人活动中心。其中,上海智慧长者运动健康之家也是体医融合的典型例子。上海智慧长者运动健康之家的体医融合模式主要是老年人第一次到长者运动健康之家通过运动健康数字化平台填写基本健康状况,进行运动风险筛查,建立基础健康档案,用智能体质检测设备测量身体形态、肌肉力量、心肺耐力、柔韧性、平衡性等指标,根据测试结果,自动生成运动处方,老年人可根据自身运动情况对运动强度进行调整。运动前测血压,运动中佩戴心率臂带,实时监测运动心率水平,通过物联网系统、运动处方系统下发运动处方,老年人在适老化运动器材上进行心肺有氧训练、等速肌力训练、柔韧拉伸训练和微循环促进等功能性训练。实时运动心率监测系统能有效控制运动强度和预防运动风险。进入长者运动健康之家锻炼的老年人,绑定及佩戴心率臂带后,心率数据会集中显示在大屏幕上,并可在登录智能运动器材后实时查看当前心率、消耗的卡路里、运动等级等。如果老年人即时心率值占极限心率值的比例在71%~83%之间,监测屏上便会变成绿色,如果再升高,就会变成橙色、红色,即意味着老年人的运动已超出身体负荷。为方便掌握锻炼者状态,保证运动的安全性和有效性,每个会员都有"一人一档"的运动健康数字档案,便于查询自己的健身数据和身体情况。同时,为了方便子女了解父母健康状况,技术团队自主开发亲情账户,绑定老年人的子女或亲友的微信,亲友便可以看到老年人使用适老化运动设备锻炼后健康指标的变化,进而通过运动搭建亲友之间沟通的桥梁。此外,为了给社区长者提供更为专业的运动健康服务,2021年在上海社区体育协会的精心策划与组织下,长者运动健康之家的68名运营人员参与了"运动健康师"的培训。通过10天的线上理论课学习和两天的线下实践,68名学员全部考核通过,持证上岗,为前来锻炼的阿姨爷叔提供器材使用指导、健康咨询、体测报告解读、运动方案和运动效果追踪等个性化服务。此外,国家体育总局体医融合促进与创新研究中心为促进体医融合的发展,把北京海淀区作为体医融合示范区,并由该区各部门牵头逐步开展体医融合相关工作。至今,该示范区已取得了初步成效。2017年,海淀区与三甲医院联合培养了全国首批科学锻炼指导师,并且由政府部门牵头探索建立体医融合模式。2018年,海淀区政府部门高度重视体医融合的发展,着手打造学院路社区医院体医融合试点单位,创新设立脑血管与运动健康门诊。2019年,海淀区体医融合工作重点开始向疾病预防倾斜,开展了八次高科技人才体医融合体育保障专场活动,上千人受益,初步确立了该区体医融合科学健身新模式。中国体育产业峰会体医融合培训交流会上，海淀区体育局专家分享了该示范区的工作成果及经验，体医融合的"海淀经验"获得与会人员的高度赞赏。海淀区在体医融合工作的推进中理念先进、思路明确、措施有力，经过不断的探索与发展，该区在体医融合工作方面取得了突出的成绩和可复制的经验。因此，有必要对主动健康推进体医融合试点的做法和经验进行总结，这对未来主动健康推进体医融合工作的提升与发展有着十分重要的启示作用。

从组织维度视角看，社会是国家的基石，基层社会治理是社会健康发展的基础。从组织社会学角度分析，任何实践模式的诞生、运行及发展，都离不开制度保障、组织运营和治理服务，不论是上海还是北京的实践模式都是如此。在制度层面，《纲要》明确提出，推进全民健身与全民健康深度融合，这是催生各地进行主动健康推进体医融合实践的基础。在组织层面，两者实践模式虽然主导部门不同，但都是体育、卫生部门协作的成果。在治理层面，体医融合实践模式的核心是吸引更多的居民参与主动健康，引导居民共享体育、卫生现代化发展的成果。同时，主动健康推进体医融合的程度决定了不同部门在实践模式中的比重。从服务维度视角看，体医融合的功能主要是"健康促进、疾病预防、疾病治疗、疾病康复"，各试点的实践模式都侧重于这些功能。参与人次是衡量主动健康推进体医融合实践模式普惠面的一个具体指标，总体来说，专业人才配比科学、政策保障完善、宣传力度较大的模式的参与人次更多，普惠面更大。例如充分运用国民体质监测的数据，结合居民健康体检结果，制定运动处方；积极向居民传递"健康促进"和"疾病预防"等方面的专业知识，使各年龄段人群都能通过体医融合相关服务获取卫生健康、体育锻炼以及疾病预防、治疗、康复等方面的知识。从人才维度视角看，主动健康推进体医融合的发展离不开专业人才的支撑。如果仪器设备是体医融合发展的硬实力，那么专业人才就是软实力,各试点实践模式的软实力都有提升的空间。国民体质监测中心的体育专业和医疗专业人才配置比较均衡,提供的服务类型多或服务的科学化、精细化程度较高,才可以更好地为社区居民提供主动健康推进体医融合服务。因此,各地要总结出适宜的推进策略,如体医融合进企业、进社区活动、合理的运营模式、社区居民健康管理平台及干预、精准识别主动健康供需的保障机制等,才能保证主动健康推进体医融合的高质量发展。

(一)体医融合进企业、进社区活动

随着时代的变迁、社会经济的迅速发展,群众对健康的需求越来越高。以往身体出现问题都是前往医院诊治,但并非所有疾病都要通过服药或手术来解决,尤其是体医融合的理念提出以来,人们对疾病与健康的认知逐渐前移。心脑血管疾病、糖尿病及亚健康等疾病的体医融合康复治疗,在国内已有相当的研究,并且能够应用于实际当中,为患者减少进医院的次数、降低医疗费用等。因此,疾病防控关口前移,推动体医融合进社会刻不容缓。体医融合的社会活动是以慢性病防控为主,有特定的目标群体,并且在开展内容上逐步完善。这种活动形式,需要具有创新性、普适性、可持续性和可复制性。同时,推动体医融合进企业、进社区,不断加强体医融合的实践与科学研究,有效改善目标群体的体质健康、提升生活质量、增强健康保障知识等。针对居民健康管理意识不强的问题,积极开展线上线下健康科教宣传。健康管理机构可以组织活动,普及健康管理理念。通过加强健康管理宣传,在小区宣传栏、单元门口、电梯内等人流量大的显著位置设置疾病防治相关知识普及展板,提高居民健康意识。还可以定期向每户居民发放健康体检通知单,组织动员居民定期体检。建设网络信息平台,充分实现科学健身、体医融合的线上宣传,有效激发群众对体育活动以及对自身体质健康状况的关注,充分调动群众参与全民健身体育活动的积极性。同时,在线下也积极开展各类健康科教、群众体育活动,充分满足群众的体育健身需求,搭建群众的体育交流平台,调动群众参与积极性,掀起全民健身热潮。当前,体医融合发展受限,主要原因是工作人员、社区居民缺乏体医融合观念,未建立对健康与疾病的新认知。因此,有必要利用线上平台及线下活动,传播体医融合观念,为体医融合工作的有效推动做铺垫。

(二)"政府+医疗机构+第三方机构"运营模式

将卫生管理机构引入社区,使卫生管理成为社区卫生体系的一部分。强化事业单位的公共产品属性,需要有公信力的政府机构参与。医疗机构及其医务人员的参与程度直接决定了社区健康管理服务的质量和范围。第三方公司先进的技术和灵活的运营优势是其在引入资本的同时满足多样化需求的主要动力来源。三方在社区健康管理服务中通过信息技术实现健康信息共享与交换。服务商利用社区健康管理服务前台和医疗服务后台,使社区健康管理服务的视角前移,实现对社区居民的健康监测、健康指导、运动康复、健康信息查询,为居民提供主动健康服务,同时与第三方健康管理机构合作,提前获取健康干预措施,实现"治未病"的目标,通过以"公益+营利"的形式服务社区居民,增加居民主动健康管理的选择,提高社区主动健康管理模式的参与度和运行效率。将社区这一卫生系统纳入健康管理的组织模式,提高社区居民的整体健康素质。这样可以预防和控制个体疾病的发展和群体疾病的传播,降低发病率、死亡率和致残率,有效预防和控制慢性病,同时为个人、社会和国家节约医疗费用。在涉及体医融合的多项工作中,加强多部门协作的模式。体育部门提供体育运动、科学健身的指导,医疗部门提供健康状况监测、反馈与调整措施,这种多部门融合的模式,使体医融合工作的开展更为科学化、规范化。目前,体育与医疗卫生部门还难以实现有效融合。要破解这种局面,则应重点关注体医融合实际工作的共同参与。譬如,可由两部门协商共同制定相关的实施细则,并将实际工作的开展纳入工作绩效考核。三甲医院将病情稳定的病人转移到就近的社区医院,由全民健身科学指导中心指派科学锻炼指导师与社区医生联合为其提供指定运动处方,并实施科学锻炼指导,积极为慢性病康复人员搭建方便、快捷的服务方式。可见,未来要全面推动体医融合发展,离不开试点探索的发展方式。并且,由于我国开展体医融合工作尚处于初步阶段,很多地方缺乏有效参考,通过选择有条件的医院、社区开展试点,合理整合、利用资源,对塑造可参考的体医融合模式、提升全民健康具有重要意义。

(三)社区居民健康管理平台及干预

建立住院人员健康管理档案,记录其健康数据、身体数据、既往病史,为住院人员提供个性化健康管理监测服务,并提醒住院人员定期进行健康管理评估;整合、共享和交换个人健康管理档案与社区医疗服务的信息,以便根据数据采取适当的健康措施;基于平台构建社区医疗服务信息子系统,社区健身管理人员根据社区医生和基层医生的诊断给出相应的健身计划和处方;信息集成与动态数据评估平台为社区居民的身体状况评估、疾病预防保健、医疗服务和运动康复提供参考。通过以上措施,可以从个人在社区的健康档案中形成完整、科学、系统的健康体系;当居民居住的社区发生变化时,健康档案会跟随个体,便于持续系统地检测健康状况;在这个逐渐老龄化的时代,业主和家人可以通过社区软件等方式分享自己的健康,这也方便子女及时获知家中老人的身体状况,共同关注老人的健康问题。除了通过医疗、科技手段进行健康管理,也有通过改善社区环境来推动健康管理的方式,即健康干预。健康干预是指社区可以预见和预防可能对居民健康产生负面影响的因素,如减少噪声污染和环境污染。比如,社区建立一些健康生活场所,定期开展健康教育讲座和心理咨询,提供身心干预。此外,在社区食堂的膳食准备中,更加强调营养和健康食品。健康干预服务的目标人群包括所有年龄段和不同健康状况的人。现阶段,不能忽视的是,常见慢性非传染性疾病的病因大多是不良的生活习惯。良好的生活方式和习惯可以通过健康教育和健康干预来养成。保健措施可包括以下方面:针对青少年、中青年、亚健康人群进行运动干预、饮食干预和形体塑造干预;针对中老年人、慢性病患者进行睡眠干预、慢性病长期处方干预;针对青少年、工作人群、空巢老人等进行心理干预,在社会压力、应激反应、突发事件下,心理干预已成为重要的健康管理措施。此外,社区一级的健康管理干预措施应侧重于中医药治疗疾病。中医"治未病"的理念与健康管理的理念非常契合。中医药的"药食"观念是对饮食养生观念的延伸和补充;推拿按摩在中医疾病康复中有重要应用;而中医人体成分的测定可以在中国健康医学中发挥重要作用,可以在健康风险评估中发挥重要作用。多项研究表明,长期适度练习太极拳,不仅能改善人体心血管系统、神经系统、消化系统、呼吸系统、内分泌系统等多系统的功能,还能减缓因多重应激而产生的不良心理情绪,从心理和生理两方面调节患者的身体状况,有助于疾病的恢复,也可作为保健的科学处方。积极采取社区健康管理的主动健康干预措施,支持个体健康差异化机制,可以为社区居民,特别是患有慢性病的中老年居民提供个性化、精准化的指导方案。

(四)精准识别主动健康供需的保障机制

社区主动健康管理模式应提供一个能够准确识别"健康需求—健

康供给"的保障机制。一是搭建供给侧与需求侧的桥梁,以手机 App、微信公众号为载体,收集社区居民主动健康需求信息,通过大数据、云计算分析社区居民的需求特征,制定更精准的主动健康需求识别机制,实现需求侧信息的精准识别,并上传社区居民健康管理平台,实现居民健康需求的实时共享和实时健康监测、实时预警。二是各区需要高度重视培养体医人才的工作。采用体育部门与医院联合培养的模式,教授体育与医疗的理论知识,并开展各项实践学习,切实有效地推动体医融合的人才培养与发展。此外,全民健身是推动体医融合发展的基础工程,社会体育指导员是全民健身的引领者,因此必须打造一支数量充足、素质良好的社会体育指导员队伍。同时,重视社会体育指导员的队伍建设,除了举办培训班增加社会体育指导员的技能与知识,还要扩充各类全民健身团队,并且不断壮大基层全民健身服务力量,充分发挥社会体育指导员在街镇和社区中的指导和引领示范作用。因此,需要高度重视体医人才的培养、培训,以及创新人才培养、培训的措施和途径。同时,积极发挥社会体育指导员、社区医生的作用,形成互补、互助的良好融合态势。

综上所述,健康中国战略提出加强体医融合发展以来,体医融合需要与时俱进,紧抓人民健康的现实需求,积极开展主动健康推进体医融合相关实践。通过对主动健康推进体医融合经验启示的分析发现,体医融合工作中需要重视体医人才的培养,形成初步的培养模式;体育和医疗卫生部门应高度重视体医融合工作的开展,逐步扭转以往体医分离的局面,共同开展体医融合进社区、体医融合试点和体医融合模式探索等工作;完善的线上线下健康科普平台,为主动健康推进体医融合的工作奠定了重要基础。

/ 第四章 /

主动健康推进体医融合的可行性分析

一、主动健康与体医融合的理念融合

主动健康和体医融合理念的深度融合的要义起始于主动健康的认知,因此建立理念层面的认同感是推动体医融合的前提。传统观念提倡"无病即健康",强调在生理与心理上都保持良好状态。健康风险因素有很多,归纳起来主要包括行为因素、环境因素、医疗卫生服务因素和生物遗传因素等。在整个生命历程中,除遗传基因,生命前端的行为因素、环境因素和医疗卫生服务因素中的风险因素都会累积,且随着年龄的增长不断叠加,增加生命后端的健康风险。大健康观是主动健康的外延,是厘清主动健康的内生逻辑。因此,体医融合融入了通过运动预防疾病的概念,强调主动健康。同时,主动健康的实践模式是体医融合相关政策和理论落地的重要载体。目前,主动健康的理念较集中于医学、运动科学等学科,从被动转向主动,是医疗实践从无数量变汇聚而成的质变,强调对个体全生命周期进行系统、主动的健康监测、分析、评估和干预。从广义上讲,主动健康是指积极主动维持全人健康状态的一种理念、模式、体系。从狭义上讲,主动健康是指个人为主动获得持续的健康能力、拥有健康完美的生活品质和良好的社会适应能力,以营养、运动等主要干预手段,通过主动发现、科学评估、积极调整、健康促进等措施积极应对健康风险的能力。它强调通过对个体全生命周期行为系统进行长期连续动态跟踪,对自身状态演变方向和程度进行识别和评估,以选择生活方式各要素为主,充分发挥其主观能动性,以改善健康行为为主,综合利用各种医学手段对人体行为进行可控的主动干预,促使人体产生自组织适应性变化,从而达到提高机能、消除疾病、维持人体处在健康状态的实践活动和知识体系。

所以也可认为,主动健康是通过主动使人体处于可控非稳的"远离平衡态",从而激发人体自组织能力,以达到消除疾病促进健康的医学模式,医学上强调人体可控身体活动达到的科学健康。主动健康不仅体现在从疾病源头采取措施或针对疾病危险因素提出生理、心理和社会等方面的综合干预措施,也体现在个体的自我愈合能力和积极主动性,还要主动应用健康设备进行健康状态的感知,以及利用社区的自然、社会和文化等资源来维护自身健康。而体医融合是借助医疗卫生部门在专业人才、技术设备等方面的优势,充分发挥体育锻炼增强体质的作用,将我国社区公共体育服务与社区医疗卫生服务系统相结合,使体育部门与医疗卫生部门在疾病的预防、检测、治疗、康复等方面相互配合、相互补充。主动健康推进体医融合理念融合的最终目的是为提升国民身体素质服务。理念融合主要基于思维方式层面的有效对接,最终体现为理念的一体化发展。主动健康与体医融合本质都是一条通往健康的道路。其理念的深度融合,在微观层面,主要指人体主动施加可控刺激,增加人体微观复杂度,促进人体多样化适应,实现人体机能增强或慢性病逆转的医学模式和价值目标的渗透,共同达成多维视角的"大健康"理念,养成健康的生活方式,构建正确的自我价值观、社会观、生态观等。在宏观层面,是指以整合为系统的方式将主动健康和体医融合所遵循的理念进行多维度深入融合,涉及要素如政策法规、组织管理和健康促进等。理念是实操的方向引领,实操是理念不断创新的过程源泉,主动健康推进体医融合实现了理念与实操相结合,这是惠及全体的民生工程,两者理念深度融合更是有助于体育与医疗大部门的协同合作。

二、主动健康与体医融合的功能互补

主动健康与体医融合的功能互补可以有效预防和消除疾病,促进健康。从主动健康的功能视角来看,体育属于主动健康。在日常生活中,若一个人的身体不好,体质较弱,则通常需要锻炼,通过锻炼的方式增强体质。体医融合让我们能够重新认识体育和健康的关系。体医融合的基本前提条件是从医疗看体育,重新发现体育的功能价值。从体育看医疗,重新认识疾病本质。体育的本源是保障人民健康,达到增强全民体质、减少各类发病、提高工作和生活的效率、延长健康寿命,而不是单纯的竞技。体育运动是体力活动的重要组成部分,体育锻炼可以强身健体。此外,体育锻炼还有一个重要功能,就是在病后康复中应用,预防和康复两个重要环节对健康都有着重要意义。《"健康中国2030"规划纲要》中明确提出了体育在健康促进、慢性病预防和康复等环节有重要作用,并提出了一系列增强体育与医疗融合发展的要求。我们要达成体医融合是推动健康中国战略实施的共同动力的共识,缺少运动手段的医疗和缺少医学支撑的运动都是存在不足的。要不断加强体育与医疗、体育与卫生的融合,加强体育与慢性病预防、康复保健方面的深度合作,积极探索并加快体医融合专业人才的培养。形成体医融合的发展氛围,以及促进人民群众主动健康的生活模式,才能为健康中国战略的实施保驾护航。医疗的本源是保障人民健康,治疗患者疾病,提高患者生活质量,使患者回归家庭和社会,是以患者为中心。从宏观看,运动的重要性覆盖生命全过程。从微观来看,不同器官的健康维护需要不同的运动刺激,个性化的运动方案可以满足健康需求,让生命有能力应对更多更强的刺激。由此看出,运动是健康维护的必要内容，人的健康需要多种运动，不同脏器的健康需要不同的运动。医疗和体育必须回归到增强人民体质、保障人民健康、改善人民生活的本源上来。要想二者更好地为人民健康服务，就需要体育和医疗融合，用科学的方法指导运动，用医疗的手段服务运动。

在 2019 年全国推进健康中国行动电视电话会议上，时任总理李克强指出进一步落实大卫生、大健康理念和预防为主方针，加强政策统筹和部门协同，推动健康中国行动不断取得新成效。大健康理念是根据时代发展、社会需求与疾病谱的改变产生的，它是一种全局的理念，它围绕着人的衣食住行以及人的生老病死，关注各类影响健康的危险因素和误区，提倡自我健康管理，是在对生命过程全面呵护的理念指导下提出来的，追求的不仅是个体身体健康，还包含精神、心理、社会、环境、道德等方面的完全健康。事实上，大健康的医疗理念所倡导的是一种健康地处理人类经济生活和社会工作的行为方式，不仅指的是"治病"，更多的在于"治未病"；消除亚健康、增强身体素质，做好健康的医疗保障、健康的生活管理、健康的心理辅导。中国未来的医疗卫生战略方向将由以健康为中心代替以治疗为中心，也就是说要着重人的健康，以后的医疗卫生工作重点将放在上游。体育运动作为主动健康的方式之一，就是非常好的促进健康的上游工作，也是预防和治疗各种疾病的低成本有效手段之一。在大健康理念驱动下，要改变以往单一的健康观念，采用积极主动的健康干预体育活动来全面提高个体身体各项机能，并培养个体良好的健康习惯，进而提高人的自我身体素养，真正发挥体育运动促进健康的功能。

三、利益主体的互动协作

主动健康推进体医融合首先要让多方利益主体达成有效的互动协同。主动健康推进体医深度融合过程中,呈现出体育和卫生健康领域多元主体共存局面,由于价值取向和治理逻辑不尽相同,构建利益主体的协同互动机制仍然存在一定障碍。因此需要厘清体育与医疗卫生等各系统、各部门间的关系,实现多元主体协同治理。新时代背景下,体医融合发展的着力点、载体等发生改变,主动健康成为新时代健康中国建设的推行模式[14]。然而长期以来,体医融合服务模式发展封闭,体育与医疗卫生系统和部门之间的协作度较低,管理主体、服务主体等受固化思维影响,存在服务缺乏主动性和协同性问题。不可否认的是,体医融合从前期政策制定到推动引导实施,政府起到至关重要的作用,而体医融合服务的后期运营、发展、监督、评价等环节,长期受政府主导,社会组织、市场企业、居民群众等主体参与较少,影响了体医融合服务的可持续发展。同时,多数体医融合服务仍停留在被动提供体质健康监测、运动健康咨询等基础健康服务模式,尚未建立起体医融合业务共通、服务共享的多主体协同共建共治体系。因此,实现深度融合,首要任务是由国家顶层设计统筹推进体医融合多元主体协同治理的实施方案,明晰主动健康推进体医融合的目标在于保障措施;明确不同利益相关者的工作任务与具体要求;协同多元主体之间的关系,构建多元主体间的联动回路。打造政府部门、社会组织、市场力量以及居民个体多元力量参与的治理共同体,厘清职能边界,明确权责义务,共同推动两者深度融合发展,形成围绕体育与医疗系统等利益主体的互动协同的机制。

四、相关系统的多要素整合

　　主动健康与体医融合理念的深度融合在实践操作过程中需要完成要素整合。坚持目标导向,充分发挥政府、社区、家庭、学校、企业等多元主体的主动性,针对性地服务需求主体,促进体医融合主动健康模式发展。坚持多元主体协同创新发展模式,凝聚多方参与的主动健康共识,为体医融合服务建设打下坚实基础。做好相关系统的多要素融合发展,树立协调发展理念,既要推进发展,又要搞好协调,实现统筹兼顾、综合平衡。在生活中,分别在社区、家庭、学校、企业等场域中组织主动健康知识宣讲,通过教育引导的方式促进人们内在观念转变。大力宣传运动是良医、运动促进健康等理念,提升体育、卫生健康等领域政府主体、社会组织以及社会公众对运动促进健康的接受程度。通过政府主导主体下顶层的制度设计来促进相关部门协同。要求其他相关主体围绕部门协同,设计多部门参与的制度安排,充分考虑不同政府部门在体医融合协同治理中的责任分担,整合体育、医疗、交通、规划、教育、宣传等多部门的资源,一方面倡导部门内部为体医融合提供广阔的协同治理领域,另一方面要求相关部门间协同,制定和执行有利于体医融合协同治理的制度体系。推动社区基础设施多样化、智能化发展,建设自助健身房、智慧运动室等,提高健身运动设施的适龄性、便利性。同时,以政策引导、媒体宣传、税费激励、家校配合等方式,促进多方主动参与健康促进行动计划。政府制定地方配套政策,推动政策融合,强化地方政策与现实情况的匹配程度,形成可操作、能落地的政策方案。融合涉及机构设置、领导隶属关系和管理权限划分的体系、制度、方法、形式,以及主体间具体运作方式的谋划,落实主动健康推进体医融合体制机制的建构是操作关键,"体育＋医疗"的融合为主动健康推进体医融合提供崭新思维方式,为推动体育与医疗从传统的分离走向未来的结合提供了新的途径。在体育和医疗之间进行交流,大致可以从观念认同机制、部门协调机制、责任共担机制、资源互补机制等方面,将二者的行业壁垒打破,运用科学技术交叉学科,明确体医融合相辅相成协调发展的运作模式,达到机制融合的效果。可以通过政府部门进行必要的宏观调控,帮助医疗卫生同体育部门之间转变职能,再通过法规、条例的颁布建立协同治理机制,找寻体育和医疗合作的方案并消除屏障壁垒,还可提供流程指引,建立领导机构,协同利益相关部门的融合体制,建立沟通机制、共享机制、激励机制、评估机制等融合机制。此外,加快资源互通互用是融合操作的保障,以场馆设施、监测指导、赛事活动、协会组织等各类资源为抓手,推动这些资源在体育和卫生健康层面的融合发展,引导社会公众形成可行的健身习惯,实现健康干预从"疾病治疗"向"疾病预防"的模式转变。

五、体医融合的技术创新

主动健康与体医融合理念的深度融合发展最具有操作性的是体医融合的技术创新。《"健康中国2030"规划纲要》强调,健康中国战略实施坚持技术创新原则,发挥科技创新作用,形成具有中国特色的健康中国发展体系。主动健康推进体医融合要实现高质量发展就需要提高技术创新水平,激发多种"产业要素"创新活力,不断优化运动健康配套产业结构,提高生产要素与体育和医疗卫生服务资源的配置效率,并围绕技术更新换代形成良性循环的状态。在群众参与过程中,体质监测技术的完善、风险因素的防控、科学健身意识的普及、运动处方的推广等不能满足群众的需求,体育科技供给不足与群众主动健康科学锻炼的矛盾也日益凸显。当前5G通信技术、人工智能、大数据等科技手段日新月异,推动体育科技发展乘上智能化发展的快车,体医融合在现代技术的支持下,有了许多创新技术,这些技术有助于更有效地实现健康管理、预防和康复。例如,生物传感器和可穿戴设备等,这些设备能够将数据传输到医疗团队和运动科学团队,帮助他们监测健康状态,及时调整健康管理计划。健康追踪应用程序可以记录个体的运动、饮食、睡眠等健康数据,并与医疗团队共享,使得健康管理更加全面和个性化。

虚拟现实和增强现实技术在康复和运动训练方面具有潜力。个体可以通过虚拟场景进行康复训练,提高治疗效果和运动技能。大数据分析可以从海量的健康数据中提取有价值的信息。通过分析这些数据,可以识别潜在的健康风险,优化健康管理策略,预防疾病的发生。基因组学技术可以揭示个体的遗传特征和健康风险。结合个体的基因信息,医疗团队可以制订更加个性化的健康管理计划。AI技术可以辅助医疗团队进行快速准确的诊断。通过分析医疗图像、病历等数据,AI可以提供诊断建议和治疗方案。远程医疗技术使得个体可以在家中接受医生的诊断和治疗建议,这有助于提高健康管理的便利性和可及性。这些技术创新使体医融合更加成熟和标准化,它们改善了个体健康管理的体验,提高了健康管理的效果,实现了个体的全面健康。同时,这些技术也促进了医疗和运动领域之间的通力合作,驱使主动健康推进体医融合的特征更加明显。因此,政府应联合科研院所、社会企业等共同开发地区体医融合服务App、微信公众号等网络平台,运用现代数字技术、大数据等对体医公共资源进行合理分配,对居民健康信息资源进行统一管理与监控指导。根据市场不断变化的特征,体医融合管理部门可对服务平台功能进行优化,开通内容创作、经验分享、志愿服务、建议反馈等具有市场竞争力的功能,还可设置专职人员或邀请专家对线上服务平台的体医融合服务信息进行定期整理和科学分类,并及时更新线上平台信息。此外,应鼓励群众志愿者和社会组织在体医融合服务平台进行内容创作、经验分享和监督建议等,减少体医融合专业人才资源的流失。运用大数据时代下的专业领域,可以开发出一个能够实现体医融合的健康公共服务平台,以此来完成对各类人群的体质监测。同时,也可以运用"互联网＋"的理念,创造出一个具有针对不同群体进行健身指导功能的平台,并通过相关的技术实现高效运作。还可采用线上与线下翻转式结合模式,以手机和电脑为主要学习工具的在线体医融合平台,创建公众账号等以各种有效传播媒体的形式实现资源共享,引导居民科学锻炼。此外,还可建立体育和医学的指导中心,开发信息系统和应用平台,开展动态监测工作,提高信息数据使用的效率。大力培养运动医学一体化专业队伍,加强专业指导队伍建设,努力为公众提供面对面的咨询服务和技能指导,并利用各种真实场景增强居民自主锻炼意识。

综上所述,应注重"体育"与"医疗卫生"双重元素的交融影响与作用,依靠技术驱动进行体医的深度融合,并加强体医融合的技术创新,为主动健康推进体医融合提供保障。

/ 第五章 /
主动健康推进体医融合的机理分析

一、跨理论模型基本理论

随着跨理论模型研究的不断发展,由最初应用于健康行为的研究,拓展到健康教育领域、护理学领域、行为科学领域的研究。自 2006 年,国内首次出现跨理论模型的相关研究后,该领域的研究热度不断攀升,关于体育锻炼行为的相关理论不断出现,跨理论模型的相关研究也逐渐受到学者的关注。

二、跨理论模型概念及基本内容

跨理论模型(trans-theoretical model,TTM)又称行为转变理论模型,是将心理治疗理论与行为转化理论有机结合,系统研究个体行为变化的一种方法。该理论的重点不是社会或生物影响,而是个人在行为改变中做出决定的能力。理论模型认为个体行为的变化不是单一的事件,而是一个连续的过程。在实际行动发生变化之前,人们需要在一系列变化循环的阶段中形成一个变化过程。这个理论模型试图解释的不是行为改变发生的原因,而是如何发生的,并描述了人们改变不良行为、实现良好行为的过程。

跨理论模型的内容架构分为变化阶段、变化过程、自我效能以及决策平衡四大部分,同时结合了三个变化维度,即变化阶段、变化过程和变化水平。变化阶段反映出人们在何时产生行为改变;变化过程体现了人们的行为改变过程;贯穿于变化阶段和变化过程中的自我效能和决策平衡反映出影响人们行为改变的因素,这些因素体现了不同的变化水平。在跨理论模型中变化阶段是模型的核心组织结构，它指出了行为变化的时间序列，时间序列确认了行为变化的动态本质和朝着变化方向的运动发展顺序。变化过程则描述了个体如何进行变化，包括10个有利于行为改变的认知和行为活动。自我效能是指相信一个人能够成功地完成必要的行为从而达到预期的结果。决策平衡则包括行为的正面作用和负面作用或者是感知到变化产生的利益或障碍。

（一）跨理论模型变化阶段

变化阶段是跨理论模型的核心，指的是行为发生的时间，各行为变化阶段的划分参考了行为改变的时间、动机和恒心层面。跨理论模型把人的行为改变过程分为五个主要行为变化阶段，揭示了被其他的行为改变理论忽略了的关键环节。这五个行为变化阶段包括：前意向阶段、意向阶段、准备阶段、行动阶段和维持阶段，反映了个体行为变化的意图。不同个体可能会以不同的变化率通过各个阶段向前变化，也可能会退回并且选择在行为变化统一体的不同变化点重新进入这些阶段，这可以被看作是循环往复的。

前意向阶段是指一个人没意识到他或她的行为有问题，并且在可预见的未来（通常在进行测试后的六个月）没有试图采取行动。以体育锻炼为例，处于前意向阶段的人会说："在接下来的六个月或更长时间里，我不打算锻炼。"处于前意向阶段的人可能不太了解自己行为的后果，或者可能多次尝试做出改变，但由于无法做到而失败。其他理论通常认为这些人要么没有动力，要么没有准备好改变健康促进计划。事实上，传统的健康计划往往不是为满足这些个人需求而设计的。

意向阶段是指人们希望在未来六个月内改变某些事情的阶段。例如，在体育锻炼的意向阶段，表达为"我应该开始有规律地进行锻炼"。处于这个阶段的人更能意识到变化的积极影响,但也能意识到变化的消极影响。行为改变的补偿与收益平衡产生了深刻的矛盾感,并导致长期停留在这一阶段。如果一个人认为改变行为的利大于弊,改变行为的动机大于保持现状的动机,那么他就会进入行为改变的下一个阶段。

准备阶段是一个人想在不久的将来采取行动的阶段。这些人通常试图做出改变,或者努力为真正的改变做准备。例如,处于运动准备阶段的人可以参加运动教育课程,向有经验的运动健康医生咨询运动计划和处方,或者购买运动服装和器械。

行动阶段是指尽管在过去的一个月里个人的生活方式发生了重大的变化,但行为的改变并不是一种新的改变,而且有很高的问题行为复发的风险。例如,如果一个人在过去的一个月里继续有规律地运动,这表明他处于行动阶段。

维持阶段是指行为改变持续至少一个月,行为改变成为习惯,退回到前意向阶段的风险性较低,环境因素的影响减小,对行为改变的信心增加。例如,一个人至少持续锻炼了一个月,并养成了锻炼的习惯,就表明他处于维持阶段。

(二)变化过程

变化过程包括内隐性与外显性的活动,是个人为修正其行为而运用的认知、情感、行为和人际之间的策略和技巧,它为问题行为者提供了改变行为的重要策略,也提供了群体健康行为产生的介入方法和策略。促使问题行为者成功进行行为变化的关键是了解个体处在哪个行为变化阶段,然后运用恰当的策略或变化过程来推进其行为转变。通过梳理大量问题行为的研究,我们总结出 10 个最常用的变化过程,涉及经验层面以及行为层面。其中,经验过程包括意识唤起、生动解脱、自我再评价、环境再评价、社会解放;行为过程包括帮助关系、反条件作用、强化管理、自我解放、刺激控制。

跨理论模型指出,每个个体是否能从一个阶段过渡到另一个阶段取决于每个阶段的认知过程,认知过程和变化阶段的整合最终解释了个体行为的改变。影响上一阶段向下一阶段改变的认知过程因素具有很大的差异,对特定行为后果的知觉、情感体验以及对周围环境的再评价决定了个体是否从前意向阶段过渡到意向阶段,对行为改变的价值和个人目标的探索以及对自我的再评价促使个体从意向阶段过渡到准备阶段,对改变和付诸行动的承诺帮助个体从准备阶段发展到行动阶段,强化管理、刺激控制和对社会准则变化的知觉(即社会解放)导致个体最终从行动阶段发展到维持阶段。

一般来说,经验过程通常用于行为改变的前期阶段(前意向、意向和准备阶段),以增强行为改变的意图和动机。行为过程通常用于行为改变的后期阶段(准备、行动和维持阶段),以获得可观察的、初始的和持续的努力来改变行为。改变过程是指行为从上一阶段到下一阶段的变化。因此,改变的过程成为一种行为干预重要的中间结果变量。改变过程也是进行过程到结果研究的理想工具,并且在许多方面为 TTM 专家系统干预提供了基础。

跨理论模型整合了个体当前的行为状态,个体是否愿意维持或改变其现有的行为。当个人希望改变他或她的行为时,阶段的改变与程序的应用相结合。采取适当的策略和技术可以促进个体行为改变的进展。因此,跨理论模型强调在变革的不同阶段都有相应的变革程序,并特别强调变革程序,这些变革程序针对的是不同的个体需求在五个阶段中通过重复来诱导行为改变,所以行为干预是一个多技能的活动,而不是一个僵化的教条。

（三）自我效能

跨理论模型在其不断发展与完善的过程中将班杜拉的自我效能理论也融合进来。自我效能是个体对完成某一行为的自信程度，即有没有足够的信心达成目标，环境性诱因与自信心是自我效能中两个重要的伴随结构。其中，自信心代表了在特定情景下人们拥有的信心使自身能应对高危险而不是退回到不健康行为或者高危险习惯中。环境性诱因反映在中等困难情形下参与一个特定行为的欲望强度。环境性诱因和自信心在变化阶段中的作用是相反的。对吸烟者的纵向研究发现，自信心和诱因在变化阶段中同时发生信心增加和诱因减少。在安全性行为的研究中发现诱因和信心呈现出中等的、彼此相反的关系。此外，环境性的自信心在预测个体进入准备阶段和行动阶段的能力上胜过其他人口统计学变量。环境性诱因始终是预测行为的故态复萌和退回到早期变化阶段的最好变量。

（四）决策平衡

决策平衡描述了个体行为是否发生变化的原因和重要性，决策平衡是跨理论模型的决策部分，它来源于雅尼和曼的决策模型[80]。经过对跨理论模型的测试，逐渐形成了一个稳定的决策平衡结构，其中感知效益和感知障碍是跨理论模型中两个重要的中间结果变量。感知效益是行为改变的积极方面（行为改变的好处或行为改变的原因），感知障碍是行为改变的消极方面（行为改变的障碍或不改变行为的原因）。这两个维度已被许多以跨理论模型为基础对不同问题行为进行的研究所证实。通常，个体决定从一个阶段到下一个阶段的行为变化是基于对采取健康行为的感知效益和感知障碍的平衡。在行为改变早期,健康行为的感知效益较低,其随行为改变阶段的发展而增加。感知障碍在行为改变的早期阶段较高,随着阶段的进展而降低。

(五)跨理论模型的优点和局限性

一是跨理论模型能够实现较高的参与率。跨理论模型为研究者提供了一个利用不同的观察阶段,关注每个问题行为者在不同阶段的不同需要,并采取相应的干预措施进行研究的机会。研究者和健康护理专业人员达到了对全体人群,包括那些还没有进行行为变化的人群和处于健康风险中的人群,以及那些已经发生健康行为改变但是仍可能在消退危险中的人群进行干预的目的。就戒烟而言,传统的干预方式往往是考虑到个体已经做好了立即改变行为的准备,而事实上很多嗜烟成瘾的人不打算立即戒烟,因为他们缺乏动机,给他们提供建议和对戒烟行为的描述并不能使他们转变行为。因此,传统的干预方式实际上仅有极少的一部分人参与。由于许多传统介入模式的关键是它没有假定有关个体是如何做好准备的,而是承认不同的个体是处于不同的变化阶段,并且针对每一个不同个体需要发展适当的干预,因此能够达到非常高的参与率。

二是跨理论模型可以带来更高的保持率。在健康行为改变的研究中,由于传统的干预计划与参与者的个体需求之间相互脱节,经常会导致很高的退出率。相反,跨理论模型把个体的行为变化作为一个过程来描述,而非仅仅看作一个事件,强调行为变化各阶段发展时变化程序的介入。跨理论模型可以发展适合每个个体的特殊需要的干预,针对不同的个体需要,在各变化阶段中穿插应用变化程序,以促进行为发生改变。因此,变化程序对行为变化阶段的介入是一种多元的技巧活动而非一成不变的教条,它在应用中针对不同的问题行为和问题行为者,结合运用不同的变量和阶段运动,能有较高的保持率。以预防紫外线照射为例,跨理论模型形成了对行为改变的个性化设计、与阶段相匹配的干预措施以及即时性的专家干预反馈系统,其目的在于发展适合每个个体的特殊需要的行为干预,为个体提供最具有预言性的行为改变。这样,根据参与者的需要,干预方式被个体化到每个行为改变者的实际需要,人们就不会因为个体需求与行为改变策略之间的脱节而时常退出了。

三是跨理论模型对行为改变进展的敏感测量。相对而言,传统的行为改变理论的测量结果只包含单一变量,且经常呈离散状态,并且传统的行动导向计划是对单一的、不连贯的结果的测量,任何达不到标准的行为进展都不会被承认。因此,传统的行为改变理论对行为改变可能产生的阶段变化缺乏敏感性。典型的进步没有包括在公开方式下容易观察到的行为变化,这在变化阶段的早期是一个重要问题。变化程序对整个行为变化范围的认知、情感都形成了一套较为敏感的结果测量,因此其对行为变化的认识比传统的行动定向方法更有效。以戒除成瘾行为为例,运用传统的行为改变理论将不难发现个体的行为进步是从"前意向阶段"向"意向阶段",或者从"意向阶段"向"准备阶段"转变,相反,当整套结构形成,就会有多种变量结果。这些结果来自决策平衡量表、自我效能或诱因、目标行为等,包括正面的和负面的测量结果。

四是跨理论模型能支持一个更适当的评估结果。跨理论模型关注对行为变化结构的测量,为模型提供了一个强有力的干预基础,因而能够支持一个更适当的评估结果。所以,干预的效果应该从人们在行为改变过程中所受到的影响来评估,即人口影响率、参与率、成功率。以戒烟为例,问题行为的人口分布比例普遍为前意向阶段、意向阶段、准备阶段。由此可知,这种干预方式既能保持高的成功率,又有较高参与率的潜力。

三、锻炼行为跨理论模型

锻炼领域的跨理论模型研究已逐渐从行为解释过渡到行为干预,从影响行为的认知因素逐渐丰富到环境、社会准则等因素,从个体单方面的研究逐渐扩展到全方位多方面的研究,突显了锻炼行为理论模型运用策略的转变,形成了研究与实践相结合的局面,实现了研究视角从关注个体向关注群体的过渡。锻炼行为的跨理论模型是把体育锻炼行为的变化看成一个包含不同阶段的动态过程,该理论由变化阶段及对其产生影响的决策平衡、变化过程和自我效能组成,很好地解释了体育锻炼行动阶段变化的内在心理机制。因此,要在引导锻炼行为改变过程中精确区分锻炼行为在跨理论模型中所处的变化阶段及心理情况,适当采取干预措施引导其向下一阶段发展,进而激发其自我效能的自信心,维持动态决策平衡。

(一)锻炼行为改变影响因素

锻炼行为作为个体生活工作中的一项基本内容,其改变受多个方面影响,从各类研究报告总结来看,主要集中于心理因素、个体因素以及社会环境因素三大方面。

心理因素对锻炼行为的影响主要表现在个体对锻炼行为自身价值与作用的心理认识方面。锻炼动机、锻炼效果和锻炼坚持的正向影响显著。锻炼动机反映了个体为什么参与体育锻炼,其直接来源是内部动机。内部动机是直接激发个体意志和决心的内在因素,对运动承诺具有较大影响力。另外,在许多社会行为影响机制中,强烈的内部动机总伴随着兴趣、乐趣、成就等,因此,个体在锻炼实践中的内部动机越强烈越容易获得愉悦感、满足感、成就感等正向体验。个体在进行某项锻炼活动或行为时,其投入程度和坚持程度取决于两个因素:一是源于个体的内在动力;二是个体对于锻炼行为的效果观察、学习或经历。个体认识的体育锻炼价值与作用和坚持锻炼行为的长期性高度相关,对锻炼行为自身价值与作用的认识是影响个体锻炼的重要因素。

个体因素是指在个体形成运动行为的认知和决策过程中所考虑的因素,包括运动能力、运动风险、参与选择、个人投入等。运动风险是指运动可能带来的损伤、疾病或其他不良后果。在运动过程中可能会发生受伤、扭伤等意外情况,这会让一些人望而却步,一定程度上来讲,个体是否愿意坚持运动,受运动风险的影响。个人投入是指个体对运动的热情和投入程度,包括个体的兴趣爱好、目标和动机等因素。参与选择则是指个体在选择要参与的运动类型时所考虑的因素,不同个体在选择运动类型时,可能会考虑到自己的兴趣、时间、环境等因素,这些因素都会影响其是否坚持运动。运动能力是指个体的身体素质和技能水平,如果个体觉得自己的运动能力不足,可能会放弃运动。总的来说,运动能力水平对个体持续进行锻炼的影响较小,在其他因素相同的情况下,个体往往会更关注运动风险和个人投入等因素。个人在投入运动的过程中会不断地获得成功的经验和反馈,从而增强自己的信心以及提高参与运动的频率,因此个人投入对锻炼坚持具有显著的正向影响。提高运动能力可以增强身体的耐力、力量、速度、柔韧性等方面的素质,从而使身体更加健康,更能够承受长时间的运动锻炼。经常进行锻炼不仅可以提高运动能力,还可以使个体感受到自己的进步和成长,从而增强自信心和自尊心,更有动力坚持锻炼。体育锻炼确实存在客观的风险,而这些风险对个体坚持体育锻炼产生了不利影响。随着个体面临的运动风险增加,他们更难坚持体育锻炼。参与选择对坚持锻炼是具有显著的负向影响的,因为替代活动相对于个体继续参与当前的体育运动更具吸引力[81]。当体育锻炼和其他活动之间发生冲突时,吸引力对行为的选择起到关键作用。如果替代活动的吸引力远大于体育锻炼,个体坚持体育锻炼将变得非常困难。另外,参与选择表现在两个层次上:一是对个体而言体育的吸引力,二是个人对休闲娱乐活动的选择倾向。

社会环境是指外界环境影响因素对个体锻炼行为的干扰程度。参与机会对锻炼行为的坚持性影响最大,参与机会越多,锻炼行为的坚持性就会越好[82]。参与机会包含自我的机会、交往机会、获得外部奖励、获得荣誉和尊重等。以大学生为例,大学生在学校中通过参加各种活动或者比赛来获得宝贵的机会,能够最大限度地激发大学生参与体育锻炼的动机,促进大学生坚持锻炼行为。学校是培养青少年体育认知、建立良好生活习惯的重要场域,举办丰富的体育活动和搭建广阔的表现平台,有助于激发大学生自我决策力和锻炼自信心,促使青少年根据自身意愿和喜好进行体育锻炼活动。总结来讲,参与机会越多,个体参与活动的动机就越强烈,越有利于保持锻炼行为。社会支持、休闲时间、锻炼条件、锻炼氛围、制度约束等对坚持锻炼行为均具有正向影响。社会支持方面,家人、朋友的理解和支持能够让个体感受到更多的动力和信心,锻炼伙伴的鼓励和认可也会对个体的锻炼行为产生积极的影响。休闲时间方面,对于普通锻炼者来讲,身体锻炼属于休闲活动,休闲时间是个体参与体育锻炼的重要前提条件,对于坚持锻炼具有间接影响和直接限制作用。锻炼条件方面,完善的体育场馆、器材等为个体的锻炼提供了必要的保障,有助于提高锻炼行为的可行性。在较高的可参与性下,体育锻炼降低了实施难度,使个体能够更容易地产生、维持和发展锻炼行为。锻炼氛围方面,体育活动场所、运动器材设施、环境布局、安全保障等自然环境为个体参加体育活动提供了一种潜在的资源,该资源有助于满足个体的不同需求,调动参与锻炼的活跃度和积极性,激发锻炼参与热情,还能提供更具群体参与性、突显竞争与协作的运动锻炼氛围。制度约束方面,制度约束的正向影响主要体现在学生群体,学生在校期间,由于学业繁忙、社交活动频繁等原因,很容易忽视身体锻炼,学校可以通过体育课程、体育活动和考核制度等方式,帮助大学生提升主动参与锻炼的频率以及养成终身锻炼的习惯。学校的体育课程和体育活动可以为大学生提供锻炼的机会和平台。学生在参加体育课程和活动时,会受到教练和老师的指导和监督,从而更容易坚持锻炼。学校的健身房和运动场所也可以为大学生提供方便的锻炼场地。学生可以在健身房和运动场所进行自主锻炼,同时也可以参加学校组织的运动会和比赛,增强对锻炼的兴趣和动力。此外,学校的考核制度也会影响大学生坚持锻炼。社会约束是指来自社会环境和他人的期望、规范、压力等因素,对个体行为和决策产生影响的力量。在坚持锻炼方面,社会约束可能表现为他人的期望和评价、社交压力、社会规范等。社会压力和评价会降低坚持锻炼的意愿和动力,当个体感受到来自他人的压力和评价时,他们更容易放弃锻炼。社会规范和期望也可能会让个体感到自己必须按照某种标准去锻炼,而这种标准可能并不适合个体的身体状况和偏好,从而降低了个体的锻炼积极性和坚持程度。

(二)锻炼行为变化阶段分析

跨理论模型认为行为改变可以分为与意识有关的前意向阶段和意向阶段,与行为有关的准备阶段、行动阶段和维持阶段,这几个过程是螺旋式渐进发展的。跨理论模型主要是通过问卷调查的形式进行应用的,了解研究对象的锻炼行为现状,主要是通过调查结果进行体育锻炼阶段分类,最后再实施干预。不同阶段的认知干预方法有所不同,要根据锻炼行为主体的具体情况有针对性地制订训练计划,以此提高主体的运动参与度。根据跨理论模型理论同样将体育锻炼行为视为五个阶段,在对研究对象进行结果分析中,要详细整理每个阶段的人数比例,根据人数占比情况分析干预重点阶段。前意向阶段和意向阶段的人数集中,则说明前意向阶段和意向阶段是干预的重点阶段。在认知水平上了解相关的健康知识是个体在前意向阶段的行为,在认知水平上进一步了解健康知识则是意向阶段的行为,在获得积极健康知识和行为的基础上过渡到准备阶段;个体从意向迈向行为的过渡期是准备阶段,这是个非常重要的阶段,在实际作业中需要重点关注干预;行动阶段则表示个体已经参与到运动中,有着明显的行为动作和习惯养成;如何保持行动阶段的持续性、稳定性,就是维持阶段需要重点考虑和研究的问题,维持阶段需要引导个体积极地参与运动,才能达到较好的效果。在案例运用中要对调查研究对象的特点进行充分分析,制定出有针对性和阶段表现要素的调研内容提纲,对调研结果数据的采集要尽可能地选取有效数据,有利于对调研结果所属的阶段进行明确划分,最终制作量表进行量化分析比对。

(三)锻炼行为变化程序分析

变化程序则是通过运用认知、情感、行为和人与人之间的策略与技巧,对行为者的行为进行修正过程的描述,为变化阶段提供重要策略。锻炼行为的变化程序通常是由互助关系、自我释放、效果评估、社会释放、自我管理及意识控制六个下位影响因素分析得出的。其中,内部因素是自我释放和认知层面的效果评估两个方面,外部因素是行为改变层面的互助关系和社会释放两个方面,综合层面的影响因素包括自我的管理和意识的控制两个方面。变化程序对前意向阶段、意向阶段、准备阶段、行动阶段和维持阶段五个变化阶段各自的影响有很大的差异。变化程序是影响体育锻炼变化阶段的重要内因之一,个体行为的改变能通过体育锻炼变化阶段和变化程序的整合进行解释。因此,锻炼行为变化程序的分析运用要充分结合各个阶段的实际变化情况,逐个阶段分析各个程序所带来的影响因素及其相关性。往往存在自我释放与前意向阶段、意向阶段和准备阶段相关性高,自我管理与意向阶段和准备阶段存在高度相关,意识控制与前意向阶段、维持阶段的相关程度高,相互关系与准备阶段、维持阶段也存在高度相关。变化程序的下位因素一定程度上影响着体育锻炼行为的不同变化阶段,且两两之间的相关程度也不同。

(四)锻炼行为自我效能与决策平衡

自我效能与决策平衡是决定锻炼行为的关键所在,其作用贯穿于行为全过程,受内外界因素影响较大。其中自我效能是个体对锻炼行为信心的表现,决策平衡是决定内外界影响个体锻炼程度和个体继续决策的关键要素。

自我效能从心理学上理解是一种跨理论模型的心理变量,它随着主体行动阶段的逐级变化而呈现出不同的变化特点。处于不同行动阶段的主体其自我效能感都不相同。当行为主体从前意向阶段,经过一段时间的介入干预后逐步过渡到行为准备阶段时,行为主体的自我效能感会随之上升。反之,当行为主体从准备阶段跌落至意向阶段时,其自我效能感也会随之降低。同时,自我效能也是行为主体在处于某种情境之下去完成某些特殊任务的一种信心的评价。自我效能的高低直接反映出参与锻炼的个体对行为的信心程度,当自我效能保持较高水平时,无须进行自我调整或干预提醒;在自我效能值较低,影响个体完成锻炼行为时,需要加以干预引导。通常采取的行为干预的方式有游戏、分组合作学习、传教正确运动及放松训练,鼓励个体执行自身锻炼计划,指导个体根据时间、场地、个人身体状况等不确定因素,适当调整训练时长、强度、难易度等,以促进训练的成效,提升个体锻炼信心,发挥自我效能作用。决策平衡情况反映出锻炼行为所处的情况变化对个体决策存在一定程度干扰,当决策平衡分布情况持续较高水平时,需要对障碍影响情况开展进一步分析研究工作,逐项分析解决,扫清决策障碍,使锻炼主体能够充满信心地做出改变锻炼行为的决定。

决策平衡同自我效能一样是跨理论模型中重要的心理变量,自我效能是对于完成某一特殊任务的信心的一种评价,而决策平衡主要用于评价完成某件事或即将去做的某件事可能给自身带来有益情况或不利情况。当行为主体认为锻炼行为过程中会因为某些因素对自己造成不利的影响时,他们参与体育锻炼的动机水平就会明显降低。因此,通常情况下同一类研究对象处于锻炼行为的前意向阶段与意向阶段的人数高于其他三个阶段,而处于锻炼行为准备阶段中的主体认为锻炼给自身带来的益处与弊端大致相等,处于行动阶段与维持阶段的主体则认为锻炼带给自己的益处远远大于其弊端。

随着锻炼行动阶段的逐级推进,行为主体的自我效能也随之持续增强,这与跨理论模型的假设相一致。在决策平衡上存在差异,具体表现在各个行动阶段中其知觉运动利益均大于知觉运动障碍,随着行为主体锻炼行动阶段的递进,差值也将会不断拉大。

(五)锻炼行为的跨理论模型发展方向

随着研究的不断深入,锻炼行为理论研究从行为解释逐步过渡到行为干预,从影响行为的认知因素逐渐丰富到环境、社会准则等因素,从个体单方面的研究逐渐扩展到全方位多方面的研究,突显了锻炼行为理论模型运用策略的转变,形成了研究与实践相结合的局面,实现了研究视角从关注个体向关注群体的过渡。跨理论模型作为锻炼行为理论研究领域的重要一环,对它的研究无疑丰富了该领域理论体系的构建及其实践价值,锻炼行为理论模型的不断更新开启了锻炼心理学发展的新纪元。

(1)对跨理论模型组成部分的研究将更加全面。以往研究多是关于阶段变化,其次是自我效能,而关于均衡决策和变化过程的研究相对较少。阶段变化、均衡决策、变化过程、自我效能是跨理论模型的四大组成部分,每一部分的研究都对该模型理论体系的构建具有不可代替的作用,这对理清变化阶段和变化过程的关系,解释跨理论模型理论架构存在的争议具有重要作用。

(2)跨理论模型的研究对象和研究范式将走向多元。研究对象的多样性是体现该理论模型成熟的重要标志,基于跨理论模型的研究对象多为学生、高知、城市居民,较少残疾人群、老年人,涉及农村居民以及务工人员的更少。随着跨理论模型的不断完善,其研究对象也将更加广泛。跨理论模型制定干预策略的研究范式只有两种,这也限制了研究者的研究视角,因此,随着跨理论模型的发展和研究方法的增多,其研究范式也将走向多元。

(3)运用跨理论模型制定的干预策略将更加科学,预测效果更加准确。应用跨理论模型准确预测锻炼行为的转变方向以及有针对性地制定科学有效的干预策略是该理论模型在锻炼行为领域研究中的重要贡献,也是其实践应用价值所在,因为只有准确预测锻炼行为,及时制定出科学有效的干预策略,才能提高锻炼者的身心健康水平。基于跨理论模型制定的干预策略和预测效果的研究还存在争议,因而这两个方面也是未来该研究领域的重点。

四、健康行为改变跨理论模型

近年来大众对于疾病的关注点开始从干预和治疗转向预防,健康的生活方式、防患于未然的心理状态正在持续升温,国民健康被认为是国家富强和民族昌盛的重要标志,持续受到党和国家的高度重视,健康行为作为一项预防与疗养以及强化良好的健康状况的具体生活方式被越来越多人关注。通过以理论为基础的行为干预和健康教育,逐步改变人们的相关行为成为研究的重点内容。直观理解上,个体具有主观能动性,健康行为与不健康行为之间存在着互相转化关系,个体可以通过对健康行为的强化以及对不健康行为的控制和纠正达到预防疾病、保持健康状态的目的。改变不良行为和培养良好的行为习惯是有效促进健康生活的关键,对个体化健康管理和生活质量的提高具有重要的意义。这要求个体必须做出持续的健康行为改变,而这基本上超出了医务人员的管辖范围。在实际生活中,患者即便从概念上了解到健康行为是有益的,其实际行为和理想中健康的生活方式仍然有所差异。

因此,有计划、有方向地辅助患者养成持续性健康行为是十分必要的。跨理论模型作为研究行为改变过程体系变化情况的模型代表,最初被应用于控制不良嗜好,该模型对健康行为的分类通常围绕锻炼、饮食、睡眠等大方面展开。此外,跨理论模型还应考虑戒烟限酒、网络行为、视力保护等行为,以及控制体重、多吃水果和青菜、限制盐的摄取、坚持体育锻炼、限制红肉摄入、不依赖营养补充剂等子项目。

（一）健康行为改变的跨理论阶段分析

在以往的研究中，"戒烟""锻炼"等行为的改变通常被视作某种事件，是一系列事件所组成的过程，其按照时间线开展叙述与按照时间线对行为进行拆解都应是符合逻辑的。但在实际问题中，当对大多数健康行为问题采取行动时，复发往往是无法绕开的一环，但却只有少部分人会一直倒退到最初预想的阶段，绝大多数人会考虑重新开始或准备进行新的行为改变。不同的学者根据实际情况又对阶段进行了不同划分，其中施瓦泽（Schwazer）提出了健康行动过程取向三阶段论（HAPA），即决定前阶段（意向）、决定后行动前阶段（计划）、行动阶段（真正行为）[83]。科普克和齐格尔曼（Lippke and Ziegelmann）描述了柏林锻炼阶段模型（BSM）八阶段：前思考阶段、思考阶段、倾向阶段、行为阶段、实施阶段、习惯阶段、波动阶段及重新恢复阶段[84]。黎丽嫦、张艳等在健康教育实践研究中，将病人行为划分为无意向期、意向期、准备期、行动期、持续期等五个阶段[85]。通过各个阶段的划分，我们可以总体探知到个体行为过程的复杂性，从意向产生行为改变开始，到最终形成稳定的持续性行为（习惯）的过程中，前进、倒退、继续、重新恢复、循环、结束等情况在各个时期都有可能发生。综合各项研究成果及跨理论模型理论基础，对健康行为改变的跨理论阶段进行归纳概括，将健康行为改变依次划分为以下四个阶段：意向计划阶段、行动初始阶段、行为波动阶段、形成习惯阶段。观察健康行为改变的不同阶段特征为干预措施的制定提供新的思路，以此为框架可将行为设计的目标变得阶段性可控、易触，在制定行为改变干预措施时，如干预计划与所处的阶段相匹配则效果较好，其中健康行为改变的重点在于对健康行为的保持（即行为波动阶段）。

（二）健康行为改变的自我效能与决策平衡

在健康行为研究领域,自我效能往往被认为是预测个体行为改变意图和行为改变结果的重要因子。决策平衡则包含对行为影响的正向效应和负向效应两个方面,两者之间存在博弈的平衡,可以理解为个体是否开始健康行为改变取决于对收益和障碍的判断。自我效能是个体对于自身完成某项特定任务所应具备的能力的信心程度,能够影响行为的选择和持续,在健康行为促进方面具有较强预测作用,自我效能水平的提高有助于改善不健康的行为方式。健康行为的形成必须建立在健康相关知识基础之上,缺少相关知识或者误信错误知识,都会影响健康行为的养成。自我效能与个体所掌握相关知识以及自身态度相关,知识与自我效能呈显著正相关关系,即个体某健康行为方面知识的掌握程度越高,对于自我效能的形成越有利。反之,个体在某健康行为方面自我效能处于较高等级水平,则对相关知识掌握度较好。个体对健康行为的态度与自我效能也呈正相关关系。积极的态度有利于自我效能的增强,而较高的自我效能反过来也会促使个体对健康行为持有正确态度。自我效能与行为改变密切相关,自我效能感的提升可以增强个体的自信心,从而实现个体健康行为的促进发展。例如拥有较高自我效能的个体,面对疾病的挑战时更愿意采取健康行为,并为之付出更多努力。自我效能是介于知识运用和行为表现之间的关键变量,而知识可以通过自我效能增强个体保持健康行为的意愿和能力。

决策平衡在健康行为改变的各个阶段都存在,受行为主体自我效能、外界环境因素、个人主观态度等多方面因素影响,不断地平衡知觉利益和知觉障碍。个体接受健康行为信息越多,其对健康行为改变的认识越深,健康行为改变态度越坚决。个体在改变后逐步体会健康行为的知觉利益,逐步提升自我效能,建立信心,助力于决策健康行为的进一步改变,并且随着阶段的不断发展,知觉利益逐步占据优势并将越来越高。但健康行为改变领域的特殊之处在于影响健康行为的复杂性,对个体而言健康行为的改变多数是在日常生活行为习惯方面,往往受到个人意志、习惯养成、公序良俗、民族风俗等各方面影响,单个行为的改变涉及多个关联因素带来的正负面影响及知觉利益和障碍,个体需综合考虑后再做决定。即便个体想进行健康行为改变,但受制于当地风俗习惯、社会交往等压力,其无法独自做出健康行为转变的决策,或者转变后很快反复。部分不健康但在文化上有支撑的行为方式难以改变,对于这类特殊情况,要综合考虑具体情况进行理论分析。

(三)健康信息传播对健康行为改变的关键作用

健康行为改变的关键在于个体健康行为管理的自我履责,健康的行动与生活方式是实现人民身体健康的基础保证。随着我国工业和信息化的快速发展,人民生活质量逐步提升的同时,不良的生活行为习惯、生活压力等的长期积累导致亚健康人数增多,甚至出现慢性病逐步年轻化的趋势,健康中国的发展战略成为维持居民身体健康的关键要点,其中不可忽视的是健康信息在提高居民健康水平方面发挥的作用。"建立网络科普平台,利用互联网提供健康科普知识精准教育,普及健康生活方式,提高居民自我健康管理能力和健康素养"的意见正式出现在国家发展意见中。信息是改变人的行为的重要因素,利用信息干预来引导用户行为也被广泛应用在医疗健康领域。信息干预是指利用各种载体(包括电视、报纸、传单、海报、座谈会、网络平台等)将信息传达给个体,从而达到改变个体态度或行为目的的一种干预方式,其作用可不同程度地有效发挥于意向计划阶段、行动初始阶段、行为波动阶段、形成习惯阶段等,在不同阶段能够表现出不同的干预特性,尤其是在意向计划阶段的引导作用发挥巨大。

在意向计划阶段,个体尚未产生健康行为改变的意愿,没有健康信息获取的习惯,甚至不清楚自身有哪些不健康的行为等,对于自身的不健康生活行为还处于未知或习以为常的状态。导致这种行为状态的因素可能是其本身已接触的健康信息不足以支撑其进行行为改变,在行为改变方面动机不足且缺乏相关技巧,不清楚如何进行改变。针对处于该阶段的个体,由于信息是影响健康行为的先决条件,应充分利用健康信息对健康意愿的影响,采用信息干预措施来提高意向计划阶段个体的健康行为改变意愿。对个体在信息获取方面能力和意识较差的情况,可以进行个性化信息推送服务来实现健康信息对个体健康行为改变意愿的干预,以达到提升健康行为改变意愿的目的。

在行动初始阶段,处于该阶段的个体往往已经产生了健康行为改变的意愿,并且可能已经做了部分健康行为改变,但还存在犹豫、信心不够的情况,可能因素包括行为改变动机不足,例如感知障碍高、社会支持水平低、行为改变的自我效能不足等特点。针对处于该阶段的个体,可以充分发挥移动健康工具在健康行为改变方面的作用,从人机交互的视角,设计开发相关功能来促进健康意愿向健康行为的转化,如通过游戏化设计提高用户行为改变动机,利用社区、论坛等功能提高用户对社会支持的感知等。

在行为波动阶段,处于该阶段的个体已经采取健康行为,并付诸部分实践行动,但在健康行为改变过程中,在遇到物质环境改变、情感转变、行为改变、社会环境改变等变化过程中的影响因素干扰时,会出现自我效能和决策平衡失衡的情况,进而导致健康行为改变出现波动。针对处于该阶段的个体,干预重点应在于防止出现健康行为阶段的后退,对个体出现的改变情况要有第一时间的观察和快速的反应干预,避免健康行为的倒退情况。

在形成习惯阶段,处于该阶段的个体已经完成了部分健康行为的改变,并维持了一段时间。但如何有效地长期坚持,则需要个体不断增强自我效能,在健康改变过程中不断获得益处,提升信心,促进习惯保持。针对处于该阶段的个体,干预重点应在于促进健康行为的维持,要不断凸显出健康行为改变后的正面效果宣讲干预,不断刺激个体行为信心,增强自我效能,强化个体行为态度。

自我效能是影响居民健康行为改变的最有效的中介变量,也是健康信息传播干预的重点对象,信息传播可以通过自我效能、行为态度、主观规范来影响健康行为改变。对绝大部分个体而言,改变多年来的生活方式绝不是易事,改变个体的不良习惯必须先从个体的态度上进行转变,在健康信息传播主体、传播内容的选择和传播方案的设计上都应该充分考虑对自我效能与个体态度的有效影响效果,再选择合适的方式深化个体健康意识。在方式方法上要充分利用当前信息时代发展带来的便利性和时效性以及个体的接受能力,社交媒体通过打破媒介的时空界限加速了健康信息在人群中的流动,尤其是熟人之间借助社交媒体的健康信息传播,使主观规范的影响打破了地域、时间的限制。信息会影响个体的健康感知和行为改变,算法推荐使得社交媒体传播健康信息更加有针对性,由此可以更为精准地推送健康知识,提升健康感知,促进不良行为改变。与此同时也要注重海量信息的真假难辨性,算法数据的推荐之外,政府部门也要加大监管力度,提升健康信息质量,使个体能够得到优质可信可及的健康信息,促进人民健康行为改变和形成健康生活方式。

(四)健康行为改变的跨理论模型发展方向

跨理论模型在健康行为改变的具体运用可以有效地解释和预测

个体健康行为的发生和改变的规律。随着全球性和区域性健康促进战略的全面制定和实施,健康行为以及健康行为改变理论越来越受到心理学、公共卫生学、社会学等多学科研究者的重视。随着当前信息化时代的飞速发展,人民生活模式的快速变化,政策导向的迭代更新等,健康行为改变的跨理论模型在具体实际运用中要紧跟实际情况,具备多方面采集、分析信息的能力,及时应对条件变化,紧贴政策支持方向做出健康行为改变方向引导。健康行为改变的跨理论模型要重点突出紧贴政策发展导向的应用,信息多元化的指导干预,以及健康理论的快速更新。

一是紧贴政策发展导向的应用。全民健康越来越受到党和国家的高度重视,国家均针对性地出台了相关政策文件,以支持相关工作的开展。健康行为改变要紧贴政策发展导向,适当开展具有针对性问题的发展研究,在政策支持下争取实践运用,解决一批现实问题,在实践中促进理论的发展成熟。

二是信息多元化的指导干预。个体处于信息化时代,接触信息的渠道多,且接触的信息内容各式各样,尤其是近年来,人人都可以成为信息的发出者和接收者,这给有效信息的筛选带来了不便。在健康行为改变模型中,信息的传播与干预作为指导个体从非意愿阶段接收新的知识到逐步认可的关键环节,是促进个体发生行为改变的关键阶段。在未来的发展中,健康行为改变一定要牢牢把握有效的信息传播和干预手段。

三是健康理论的快速更新。一切事物都在具有规律性地发展,随着未来时代的变化,科技的发展,全民健康意识、健康行为模式也将会不断地发展变化,健康理论的发展要紧紧围绕提升人民身体健康,甚至紧跟时代发展带来的健康模式特点进行超前预想预测的理论研究,对健康行为进行引导发展。

五、主动健康推进体医融合机理分析

从全面提高全民健康素养和高效提升卫生资源利用率的角度来看,主动健康的作用远远超过被动医疗,它能有效改善健康管理、社会效益、疾病诊疗以及医疗成本等领域面临的问题。作为系统性健康工程,主动健康应得到社会各层次的重视。主动健康推进体医融合是以医疗为导向,以主动健康的身体活动为主要出发点,活动的开展在重视发展体育技能的同时,融合医疗技术有针对性、有目的、有计划地引导人们积极主动参加体育活动。从体育学、医学两个学科融合的关键点来分析,体育学作为体医融合学科的本体,是体育学、医学融合的基础。本在体育、固在医学。同时,医学的发展也决定并且影响着体医融合未来的发展趋势。因此要从管理、思想、技术三个角度出发,探究主动健康推进体医融合的内在机理,实现其高质量发展。

(一)管理视角下主动健康推进体医融合的内在机理

主动健康推进体医融合管理是推动民生福祉增进,促进人民健康的重要手段。从管理的角度来看,体医融合的管理主体及对象分别是政府部门和提供体医融合服务的主体。良好的管理与体医融合事业的发展不断地相互影响,体医融合事业的发展促进了有关政府管理的不断完善,这也为体育与医学的融合提供了必要的客观条件。由上级部门或中间机构牵头推动两部门的协同工作,二者相互交融、政府管理双向促进,形成明确、丰富、完善的法规与政策体系,把主动健康推进体医融合工作的开展纳入绩效考核,充分保障主动健康推进体医融合发展动力,以指导主动健康推进体医融合的科学实施。因此,以政府管理为导向是推动体育与医学快速融合发展的基础。

体医融合是将常见的体育动作和体育姿势用医学的理论知识进行总结和概括,在医疗中加入体育元素,让健康人群通过运动的方式预防和缓解病症,让患者恢复健康状态,其核心使命与根本宗旨就是为推进体育与医疗服务融合发展提供领导组织机构的支持保障。因此,主动健康推进体医融合需要在体育与医疗高效的管理下完成,高效的管理首先要划分体育和医疗的职责,并将其各自管理的范围进行权限划分。体医融合主要由政府部门承担起管理的主要工作,从具体职能部门来看,体育、卫生健康、市场监督管理、医保等部门在当前的政策法规所赋予的行政权力下,具有相应的扶持发展和行业监管责任。体育、卫生健康部门针对非营利性的医疗机构、健身中心等单位进行管理,对行业发展进行引导和指导。市场监督管理、医保、商务等部门主要针对营利性的健身房、医疗机构进行行业监管和预付卡监管。以政府为主导、职能部门为主体、社会组织为辅的跨部门领导组织机构,成立主动健康推进体医融合发展指导委员会,将中国体育科学学会、中华医学会等科研机构纳入跨部门领导组织机构的框架中,并积极发挥科研机构的重要作用。通过共同参与综合治理保障机制,明确各部门之间的工作职责,厘清管辖范围及权限,确定各方利益关系,并实行治理问责机制。多部门的协同治理以政府部门为核心,体育与卫生部门牵头,教育、文化、大数据、智能产业等多部门参与治理,各职能部门间沟通合作,建立相互信任的关系,形成多方联动治理保障机制。首先,在国家政策的引领下,各省、区、市开展主动健康推进体医融合的试点单位,以社区、家庭、学校、企业为中心,在国家的号召下实现体育和医疗的完美配合;其次,主动健康推进体医融合应以体育为基石、医疗为保障建立管理体系,在管理系统中医疗为体育提供合理的处方,以达到配合治疗的目的;最后,在医生指导和教练员的陪同下构建功能康复疗法，实现主动健康与体医融合之间的相辅相成，推进医疗体育的新融合观念，实现主动健康推进体医融合高效发展。

基于主动健康理念的管理必须发挥政府的主导作用，凝聚共识，正视疾病对人类健康的严重危害性。把健康融入政策，统筹兼顾，建立和完善各部门协同机制，完善卫生信息系统建设，加大对社区的资源投入，建立和健全健康促进体系，营造主动健康的社会氛围，引导社区、家庭、学校、企业和个人积极参与主动健康。

（二）思想观念下主动健康推进体医融合的内在机理

家庭和居民是主动健康措施的最终执行者和最终获益者，也是另一种含义上的主动健康实施主体。良好的健康素养是居民实施健康行为及改善健康结局的前提。但是，目前我国居民健康素养水平较低，这导致居民仍然存在诸多健康行为问题。在主动健康推进体医融合的发展过程中，重医轻体的理念普遍存在于人们的潜意识中，忽视了体育运动可以促进身体健康，起到预防疾病的作用。现在人们的生活质量不断提高，对健康的理解也随之深入，对身体健康也有着更高的要求，对人的生命周期延长更加渴望。当前体育部门侧重于体育竞技的发展，而卫生医疗部门则关注看病治病的治疗体系，对于体育运动促进健康有所忽视。缺乏对体医融合发展理念深度的认知，会导致群众因为害怕运动可能会带来的身体上的伤害，从而忽视锻炼对生活质量的影响。因此，体育与卫生医疗两大系统在理念层面上要达成一致，解决传统健康观念认知存在的问题。观念的转变需要一定的社会舆论氛围，各部门共同努力，各自发挥行业的优势，提升居民对体医融合的认知，是主动健康推进体医融合的重要手段。打破传统理念，从多个角度进行创新，在完善现有的发展模式的同时，应拓宽主动健康推进体医融合的思想维度，以达成主动健康推进体医融合深入人心的发展理念。

社区、家庭、学校、企业需要在理念上深刻认识到主动健康的价值和紧迫性。坚持目标导向,充分发挥政府、社区、家庭、学校、企业等多元主体的主动性,针对性地服务需求主体,促进主动健康推进体医融合模式发展。在新时期复杂形势之下,体医融合服务坚持多元主体协同创新发展模式,凝聚多方参与的主动健康共识,可为体医融合服务建设打下坚实基础。主动健康行为的选择是一个复杂的系统,包含了主动健康理念的树立和科学健康知识的掌握及主动健康行为的实施,群众自身的主观意愿和积极行动是坚持主动健康行为的前提,要使群众自觉主动地选择健康行为,必须进行主动健康理念教育,引导群众从自身做起,树立主动健康理念,塑造自主自律的健康行为。

在传统整体健康观的基础上,建立以促进健康为中心,关注预防、医疗的全程健康服务体系。重视运动在健康服务过程中对“治未病”的价值,把以运动为主的非医疗手段纳入全程健康服务体系。将人们对体育、医疗的健康观念进行融合共生。在主动健康推进体医融合这一新理念的初始,首先要转变人们的观念,通过线上线下广泛普及体医融合知识,让人们重新认识健康,将人们对疾病的预防、控制与治疗关口前移。同时,也能让体育与医疗卫生系统的工作人员对体医融合有更清晰的理解与认识。在实施治疗的过程时,构建医疗与非医疗部门协同、多主体共同治疗的机制,在运动锻炼、医疗干预、运动处方等综合手段下,提高协同效率。把体育深度融入现有的包括医药、道德在内的多维度健康服务系统之中,并不断强化现代医疗融入“治未病”的理念,重新调整医疗促进健康的战略定位,由“重治轻防”片面的疾病治疗观向“防治并重”整体的健康观转变。

一是加强多方主动健康知识教育,转变传统被动治疗等理念认知。分别在社区、家庭、学校、企业等场域中组织主动健康知识宣讲,积极开展宣传教育,整合现有的资源,提升群体自身的意识,形成良好的发展氛围,尊重不同群体的锻炼,以提升整体的锻炼质量。积极宣传体育的健康价值与功能,培育体育素养,从"以治已病"转向"治未病",从"以治疗为主"到"主动健康"的"他治"与"自治"模式转向"共建共治共享"的多元健康治理,协同体育与医疗,共同改进治疗手段,提高疾病预防、治疗、康复效果,提升机体健康水平,创新主动健康推进体医融合疾病管理与健康服务新模式,通过教育引导的方式促进人们内在观念转变,从理念层面上引导人们树立良好的健康观,促使人们养成正确的健康生活方式,解决健康理念认知层面的障碍。二是推动社区基础设施多样化、智能化发展,建设自助健身房、智慧运动室等,提高健身运动设施的适龄性、便利性。如上海、广州等地,通过建设自助健身房,吸引了大量群众自发主动参与健身锻炼,增强了居民主动健身的内在动力。三是发挥社会机构和健康部门的重要作用,提升全民实践体医融合模式的积极性,由相关职能部门组织、编写、发放健康知识宣传手册或入户宣传,组织人们进行定期体检并告知其重要性,抑或是由社区服务中心等举办与预防疾病和科学锻炼有关的宣传讲座,使其逐渐意识到体育对机体健康的促进作用和体医融合健康模式的重要性。分别以政策引导、媒体宣传、税费激励、家校配合等方式,促进多方主体主动参与健康促进行动计划,如通过政策法规等引导群众参与主动健身,通过资金支持、税费减免等鼓励市场企业等主动创新社区健身产品、升级健康服务内容和形式。四是在科学健身的过程中构建运动宣传队伍,并联合医院及其他社区医疗团队开展体医活动,建立对运动伤病风险的认知,鼓励企事业单位、社区积极参与主动健康推进体医融合建设,有条件的机构可以设立健身门诊,鼓励以创新创业形式兴办康复企业并给予支持,同时加强社区自治组织的联动,多方合力,加强主动健康推进体医融合发展过程中的思想建设和深度融合。

（三）技术层面下主动健康推进体医融合的内在机理

在科学技术发展的影响下，积极创新，开拓发展模式，拓宽技术支撑是发展主动健康推进体医融合的必要条件。技术融合是从"医疗干预"到"体医融合干预"的难点所在。在共同促进民众健康的基础上，改变以往单纯依靠医疗系统的方式，将体育治疗技术嵌入到健康治理模式之中，破除体医融合的技术障碍，使体育与医疗技术边界从明晰走向模糊，只有经过不同组合，总结出主动健康与体医融合能够互补、衔接、共用的技术模式，实现二者交叉应用，融会贯通，和合共赢，然后针对民众不同的健康状态、不同的生命时期、不同人群的身体状况，选择适合的体育与医疗技术手段共同参与干预、形成促进机体健康的最佳技术组合，合理、灵活地将非医疗干预手段及医疗技术手段运用于人体生命的全部周期。技术融合的前提是价值融合，价值融合的关键在于目标的一致性，即人民健康促进的实践生成。通过体育运动健康促进的干预手段与医疗干预，共同为人民健康服务。体医融合的技术支持包含大数据监测、医疗数据库、医疗监控、智能辅助器械等，技术支持不仅能够促进主动健康推进体医融合发展，还能促进体育科技的进阶发展。在科技为驱动的导向下，以基础病理数据为中心，建立统一的体医融合健康服务平台，建设体育医疗数据库并扩大应用范围是体医融合的出发点，通过大数据体医融合健康服务平台在应用中统计操作数据并细化融合步骤是主动健康推进体医融合技术的落脚点，有助于体育和医疗卫生系统共享全民健康信息数据。通过多功能健康服务平台，推动大数据、物联网和云计算等现代信息技术与体医融合相结合，为主动健康推进体医融合深度发展提供精准服务。政府可联合科研院所、社会企业等共同开发地区体医融合服务 App、微信公众号等网络平台,运用现代数字技术、大数据等对体医公共资源进行合理分配,对居民健康信息资源进行统一管理与监控指导。同时,根据市场不断变化的特征,体医融合管理部门可对服务平台功能进行优化,开通内容创作、组队健身、经验分享、志愿服务、建议反馈等具有市场竞争力的功能;还可设置专职人员或邀请专家对线上服务平台的体医融合服务信息进行定期整理和科学分类,并及时更新线上平台信息。利用数据建模、数据管理和数据归集等技术手段,实现多源数据层面动态管理,形成统一化数据采集标准,助力主动健康推进体医融合深化改革。

随着运动类型和运动功能多样化,人们的健康状态多样化,探究运动对不同健康状态人群的影响及作用机制是主动健康推进体医融合应用于人类的关键。明确主动健康推进体医融合的实施方法就是建立和完善针对不同人群、不同环境、不同身体状况的运动处方库。如何正确、有效和合理地锻炼身体并制定合适的个体运动处方是体育和医学相结合的关键。运动处方库的建立是连接体育与医疗的重要桥梁,将医生和体育运动的专门指导人员、指定的医疗机构和运动健身组织联系在一起,以充分发挥其重要的作用。针对不同人群的健康水平、身体机能,制定精准合理的运动项目、运动时间与运动强度,进一步提高主动健康的指导水平;把体力活动和体质健康测试纳入医务健康体检;把体力活动和生命体征纳入医生问诊的内容体系;将运动处方融入医疗门诊,医生巡诊、问诊中加入运动基本情况问询,建立运动处方库;倡导医生作为运动健康促进服务的主体,把运动损伤、运动康复、运动营养等纳入医学应用之中。通过医生开具运动指导方案,推动形成体医融合的疾病管理与健康服务模式,完善体质健康监测体系,开发应用国民体质健康监测大数据,开展运动风险评估;探究运动与健康之间的剂量—效应关系的同时,规避运动风险的发生,提高个体科学参与主动健康的效果，做到真正的科学运动。将科学的主动健康方式方法与现代医学理念和医疗技术有机结合，创建和完善针对不同群体、不同自然环境和不同健康状况的运动处方，特别是针对青少年、妇女、老人和慢性病患者等特殊人群的个性化运动处方，并充分发挥全民健身在健康教育、慢性病预防和康复治疗中的积极作用。针对不同人群、不同年龄和不同自然环境进行运动疗法科学研究、实证研究等，切实完成预防健身运动的计量学验证。针对个体的运动和健身，创建一个多元化的智能运动处方库，根据手机上的 App，健身爱好者可以获得特定的技术指导。根据便携式智能穿戴设备的科学研究，该设备可以促进锻炼者的身心健康数据监测，提高健身运动的安全系数和有效性，并增进其健身知识。针对运动训练、体育活动、运动康复的实践问题开展运动促进健康的关键技术及其应用研究，将人工智能、物联网、可穿戴技术与体育运动有机结合，研制符合人体工程学的三维传感可穿戴系统，搭建供个人使用的智能健身平台，通过采集和分析人体运动的相关数据促进人体健康。将北斗智能跟踪分析技术、物联网技术、"5G＋北斗，位置数据融合与处理技术"应用于体育运动场景，深化技术创新，实现该类新技术在特定产业的应用，进一步提高体育行业相关领域的科技应用水平。通过大数据、云计算、人工智能、5G 通信技术等先进技术为媒体赋能，推动大健康教育传播的精准性、互动性和多样性。在体育场域，加入医学元素，规避运动风险，减少运动损伤，加强运动防护与运动损伤诊治。在医疗场域，加入体育元素，发挥体育在增强体质以及疾病预防、治疗、康复等领域的作用，通过运动手段促进身体健康。

六、主动健康推进体医融合模型构建

体医融合是在全民健康的背景下,将体育技术、医疗技术等多项主动健康促进手段综合运用于群众的科学健身、未病预防、疾病治疗与康复之中。在这一过程中,体育健康资源与医疗健康资源相融合,以实现主动健康促进资源的优化配置。"健康中国"不等同于"医疗中国"。在健康层面,我们更多希望的是未雨绸缪而非亡羊补牢,国家应该将更多的资源投入到国民整体身体素质的提升而非疾病的治疗中,充分发挥主动健康在健康促进多个维度中的积极作用,宣传主动健康的重要意义,全面开展全民主动健康活动,构建完善的主动健康推进体医融合的管理模式和健康服务体系,发挥主动健康在疾病防治、康复等方面的积极作用,提升国民体质健康水平。因此,需要政府、企业、机构、社区和个人等多元主体的协同配合,从过去的被动健康执行转变为主动健康参与。基于此,以社区、家庭、学校、企业作为主动健康推进体医融合的应用场景,强调各方之间的密切协作,注重运动干预在居民疾病预防、治疗、康复各阶段的作用,将体育公共服务作为居民健康促进的前置力量,促进居民健康关口前移,缓解医疗卫生服务压力。同时,实现横向合作、纵向管理的体系,把运动处方研制作为关键技术和突破口,通过创建跨学科综合性复合型人才团队、完善主动健康服务管理规范、建设体医联动的健康管理平台与支持性环境,促进深层次的方法融合、资源融合与组织管理协同。

(一)组织管理

体育与医疗卫生部门是实现主动健康推进体医深度融合的关键

主体。其核心是在政策指引下,有效整合体育系统和医疗卫生系统优质资源,增强人民体质、促进国民健康。此项工程的跨域性、复杂性和长期性决定其应依托顶层设计,体育系统和医疗卫生系统应形成协同治理体系,科学谋划体医融合在推进、协同和实施等方面系统协调,构建落实到岗、任务分摊和责任到户的协同组织机制,以强化相关政策的落实质量。国家层面应统筹指导相关部门加强协作,健全领导推进工作机制,凝聚全社会力量,形成健康促进的强大合力。长期以来,体育与医疗卫生部门各司其职,拥有各自独有的组织管理和运行机制,缺乏相互沟通与协作,在健康理念、权力导向、资源配置等方面仍然存在着较大分歧,掌握的权力、资源与知识不对称。新时代体医融合既是体育系统和医疗卫生系统的融合,又是在坚持问题导向、大局观念和协同机制的原则视域下,实现体育系统和医疗卫生系统在理念、目标、措施和资源等层面的全面融合,发挥体育促进国民健康的作用。由此可知,在新时代体医融合体系架构下,政府应督促体育和医疗卫生等部门,健全体医融合的协同组织机制,创新体医融合模式,细化体医融合措施。重视体育与医疗卫生两大部门融合,扩大主动健康推进体医融合试点,进一步加强体育与医疗卫生合作,两者资源共享,相互交流经验,优化共生融合模式,根据试点项目的开展情况,实现综合管理,根据合作项目开展的流程,制定统一的管理制度,让体育部门与医疗卫生部门共同参与到管理制度的制定中,构建起以政府为指导,以社区居民为服务对象,各部门融合共生,社区负责,居民支持的良好局面。根据基本情况,发挥体育与医疗卫生部门的合力,通过双方赋能,弥补各自不足,开创体育健康服务产业,做到既满足大众健身的迫切需要,也满足健康服务的个性化需求。此外,理应把全民健身、健康卫生等管理部门整合,建立大部门管理机构,组织构建卫生健康委员会,借助这一战略部署成立跨部门的协调机构,在卫生健康委员会下设体医融合办公室,为体育与医疗卫生部门的融合搭建平台。该办公室由区体育局与卫健委的分管领导共同组成,主要职责是制定体医融合发展规划、拟定并落实主动健康推进体医融合的政策措施、监管体医融合营利性市场以及协调体医融合具体工作。体医融合办公室下设各部门健康促进委员会,建立体医融合运动促进健康中心,以点带面实现全面覆盖,在广度和深度上服务不同群体,从国家层面到社区基层,在体医融合业务的发展规划、政策导向、资金支持等方面构建起协同共进的组织管理体系,形成共同的参与动机,一同摸索适合体医融合发展的市场需求,制定健康促进整体规划、拟定健康促进的各项管理制度和规定、参与主动健康推进体医融合实施、协调各方资源和评价居民健康促进效果等,形成组织管理体系。综上,体育与医疗卫生部门要统筹体医资源,将家庭居住式科学健身与医疗服务作为基础,依靠基层社区、家庭、学校、企业、体育机构、医疗机构为不同年龄的人群提供全周期、个性化的体医融合服务。

(二)实施流程

主动健康推进体医融合模式实施流程包括培训宣传、检测建档、开具处方、运动干预、信息反馈等五个环节。体医融合办公室定期为体育指导员及医生举办体医融合运动处方培训班,在提高体育指导员业务能力的同时,让更多医生具备指导科学锻炼和开具运动处方的能力。同时要进行各种形式的宣传,提高不同年龄人群的大健康意识以及对体医融合政策、运动干预慢性疾病的认识。医院、社区卫生服务中心医生和国民体质监测指导站的工作人员可以模仿学校对学生的体质健康测试,同样对居民进行医疗体检和体质监测。可采用国民体质监测进社区、企业的形式,在健康体检项目中增加身高、体重、肺活量、台阶指数、纵跳、仰卧起坐、俯卧撑、握力、坐位体前屈、闭眼单足立等测试内容,对居民的身体形态、机能、素质进行全面监测。将医疗体检与体质监测相结合建立居民健康档案,并对居民进行健康分组。根据不同年龄段人群的健康档案,采用分级诊疗。对于健康人群可以由医生提出健康指导建议,由体育指导员开具运动处方。亚健康人群应由二级医院医生开具医学处方,由运动康复师制定运动处方。而对于慢性病患者,应由三级医院临床医生和具备医生资格的运动康复师共同问诊,制定医学与运动处方相结合的干预方案。同时,健康人群的运动干预应在体育指导员的指导下进行,可通过线下集中指导或利用信息化手段对干预对象进行线上指导和监控。体育指导员应注意运动风险评估、运动习惯养成、动作模式规范、运动强度控制等问题。而对于亚健康和慢性病患者的运动干预应在运动康复师的指导下进行,运动康复师应与医生随时保持沟通,根据慢性病患者的康复状况,适时地降低患者诊疗等级。每次运动干预后,体育指导员或运动康复师应立即以量表的形式收集干预对象的运动主观感受,了解干预对象所达到的运动强度,并通过访谈了解干预对象的运动行为变化、心理感受等。在阶段性运动干预结束后,应再次进行医学和运动检测,通过分析反馈信息,了解干预对象的健康状况,对运动处方进行动态调整、矫正,保证运动处方的科学有效性。体育机构和卫生防控机构应形成良性互动、工作联动,发挥基层力量,最终促进主动健康推进体医融合的发展。

(三)运行机制

主动健康推进体医融合模式是一个社会系统工程,形成长效机制的关键是加强顶层设计,创造体医融合环境,促进体医合作与沟通,培养体医复合型人才,整合各方力量,调动各部门、医疗卫生机构以及体育组织的积极性。从国家层面制定主动健康推进体医融合相关政策和法律法规。深化体育与健康课程改革,提升在校学生的身体素质,并在居民中广泛传播"大健康""大体育""大卫生"的新理念。各地方政府都应成立类似的制度,从顶层设计的高度,将体医融合涉及的各部门进行有效整合,以打破部门之间各自为政的被动发展局面,切实将健康理念贯穿到各部门的政策制度中,形成体医融合协调发展机制,实现主动健康与体医之间的深度融合,推进健康中国建设。在这个过程中要由一个主导部门进行统筹规划,并通过制订体医融合实施计划、建立有效沟通和协作机制、明确各自权责范围及商讨制定相关政策法规及制度,以保证体医融合事业的健康可持续发展。体育与医疗服务融合涉及多领域、多层次、多要素,要统一纳入主动健康推进体医融合系统框架内,明确责任与权利,科学实施,强化政策约束力,体现出法律法规的重要性。政策法规对于国家和地方事务都具有指导、保障和规范的作用,对于实现工作流程的规范化、岗位职责的法规化、管理办法方式的科学化起着非常重要的作用,制定明确的政策法规制度体系有利于各种事务的顺利开展,具备整体性、相关性、层次化、有序性和开放性。法律法规是行业发展的指路灯,也是规范行业运作的"紧箍咒",有了方向和约束才能更好地运作。制定适用于社区体育与医疗服务融合的法律法规时,应联合多部门、多领域、多层次共同磋商,制定出既符合行业发展规律,又与原有相关政策有效衔接,并且能够规范指导业务顺利开展的法律法规。第一,完善体医融合顶层设计,制定体医融合发展蓝图,为主动健康推进体医融合发展提供积极引导。如建立体医融合发展纲要,涉及体医融合目的、体医融合人才培养、体育与医疗协同、体医融合激励等机制。第二,制定社会力量参与体医融合的市场引导政策,通过市场引导,优化体育与医疗卫生机构资源配置,为主动健康推进体医融合提供资金保障,实现体育与医疗服务融合共生发展。第三,构建以体育与医疗服务融合的健康服务经济发展融资平台,改善行业资金短缺现象,并积极引导社会力量参与到健康服务行业中,形成多元主体共享利益的局面。第四,建立良好的市场融资机制,不断优化结构,扩大主动健康推进体医融合利益链,以优质健康服务为依托,引导资本注入,且以人才、技术和市场为中心搭建合作平台,为人才互动交流提供便利,为技术差异增添优势互补,为合作发展提供沟通机会。第五,建立起健康服务产业互利互惠合作的平台和相互沟通交流的桥梁,促进人才、技术和市场等资源开展深度合作,改善现有资源短缺的现状,提升主动健康推进体医之间相互交融、相互渗透的能力。

(四)体医融合合作平台

要推动体医融合更好地发展,需建立统一的服务平台。全民健康服务平台的建设是实施体医融合的落脚点[86]。体医合作平台是主动健康推进体医融合的实体承接,平台构建是推广体医共生发展的基础。医院作为提供医疗基本服务的核心场所,具备充足的医疗资源、技术及人员,是推进融合服务的最佳场所。信息和通信技术的使用在疾病的管理中至关重要,为实现主动健康的主动性,应首先搭建居民健康管理平台,实现信息的协同融合,全面提升健康管理智能化能力,为居民提供持续、高效、优质的主动健康服务。互联网络的快速发展给政府的公共服务工作带来了极大的便利,而最显著的便利就是网络公共体育服务平台的建设。通过公共体育服务平台,社会大众不仅能够学习更多的体育知识与技能,而且能够更加便利地参与各种体育健身活动,享受政府购买的公共体育服务。在互联网技术高速发展的今天,政府应当搭上"互联网+"的发展快车,进一步优化公共体育服务平台,给社会大众提供更加全面、及时、准确的体育信息,以满足社会大众日益增长的体育需求,这也是促进主动健康推进体医融合顺利实现的重要手段。主动引导和动员全民广泛参与,鼓励个人、企业和社会组织等参与体医融合服务和发展;利用广播、电视、网络等媒体为全民参与体医融合营造积极氛围,宣传志愿服务理念;构建体医融合志愿服务机制,引导社会企业、团体组织和个人等参与体医融合服务公益活动,合力推进公共健康服务优化升级,高效利用社会资源推动体医融合服务发展。以健康促进委员会为枢纽,医疗、体育和社区机构协同参与,搭建不同诊疗级别的多层次、多领域的专家资源库与沟通平台,加强不同诊疗级别的医生、体育指导员、运动康复指导者的沟通。整合多方健康资源,完善健康智库建设[87]。公立医院和医学类高校汇聚了大量的医护人才、先进技术和优质药品等健康资源,是支撑群众主动健康行为的知识库和资源库,因而利用医院的健康资源和高校的科研成果构建健康智库、搭建健康信息平台、宣传健康知识、提升群众的健康素养是推进健康中国建设的手段。医院要依托资深医护人员,凭借临床的第一手资料,收集整理病例和健康小常识,形成智库的典型案例和知识集锦,为群众提供鲜活的案例和行动指南;加强健康产品的研发和健康智库的建设,有效推动健康科研成果的转化,营造主动健康的活跃氛围。

推动现代信息技术与疾病防控相结合,建设满足不同人群的个性化健康需求和疾病干预的运动处方库。以服务于全民健康为目的,建立以医疗服务和体育健身为双主体、针对不同人群的体医融合服务平台。针对普通疾病人群的体医融合服务平台应该以医院为主体,平台建设包括:①开展临床医师运动处方培训班,加强临床医师开具运动处方的能力;②拓展康复科建设,在康复科设立运动康复小组,加大运动康复专业人才的引进和运动康复设施建设力度;③制定相应激励措施,调动临床医生开具运动处方及运动康复指导者进行康复指导的积极性。针对慢性病患者的体医融合服务平台以社区为主体,平台建设主要包括：①加大社区卫生机构的全科医师和体育健身指导人员的引进力度，积极构建社区体医融合人才队伍；②在社区开展国民体质监测（包括基本体质及运动能力监测）和慢性病的运动干预；③积极建设社区体育场地，保障社区居民健身需求。针对全社会健康人群的体医融合服务平台以体育主管部门为主体，形式为公共健身服务平台。平台建设主要包括：①建立各类人群体育锻炼运动处方库；②通过科普提高国民对体育健康的意识；③建设公共体育健身设施，提供居民健身锻炼的物质保障；④居民医保账户与阳光健身卡打通，居民即可在指定健身场所健身和锻炼。

加强体医融合，实现优势互补，构建监测体系。"为群众办实事，保障人民健康"是适应健康经济和社会协调发展的目标与手段。通过体医融合，让处于亚健康的人群恢复健康，让已患病人群尽早康复。在健康中国的新趋势中，一是构建体质健康监测体系，建立大数据库，通过物联网、通信等信息化技术的运用，形成政府主导、社区执行、企业服务、家庭监护的高效化、协同化体质健康监测体系，进一步提升群众的健康素质与体质。二是加强医务人员体育医学的相关培训，设立医院体医诊室或服务中心等，由医师和运动处方专家共同坐诊，将体质体力活动评定纳入临床诊治体系，为不同健康状况的人群提供体医健康服务。三是建立信息资源共享平台保障机制，明确信息资源管理主体，搭建信息资源共享交流平台，广泛收集电子健康信息要素，及时发布政策法规信息。四是利用互联网技术搭建健康服务共享平台，将体育与医疗服务融合的科研成果共享互鉴，完善个人健康档案电子信息，及时发布各种信息资源以及行业发展新动态。五是保证信息的连续性及时效性，及时更新和运用电子健康信息，利用大数据信息更好地服务主动健康推进体医融合。

(五)体医融合复合型人才

懂体又懂医的复合型人才是实现体医融合的现实基础,专业人才的质量与培养规模决定了体医融合的可操作程度和层次,而人才队伍是主动健康推进体医融合深度发展的主力军。首先,以社会需求为导向,加强体医融合人才培养,为体医融合发展夯实人才基础。体育类院校与医学类院校应通过联合办学、联合培养的方式加强合作,依托各自办学特色和优势,构建体医融合特色专业课程和教学体系。加大体育类院校和医学类院校的扶持力度,推进其深度合作,设置主动健康推进体医融合特色的课程体系,形成满足主动健康推进体医融合需求的人才培养计划,致力于培养具有运动训练学、运动人体科学、临床医学和慢性病等知识的复合型人才,尤其需协同体育、医学、师范类高等院校间的专业协作关系,将培养具备专业素质的人才作为确保主动健康推进体医融合的有效依据。鼓励体育院校毕业人员和医学院校毕业人员考取专业资格证书,获取专业资格证书后,体育院校毕业人员培养方向为运动健康指导师、运动康复师,而医学院校毕业人员培养方向为临床医师、康复医生。此种培养模式解决了"学医的不懂体、学体的不懂医"的问题,同时建立第三方机构承担体医从业人员认定与动态跟踪监管工作。其次,建立人才引进机制,鼓励和吸引更多专业人才参与到主动健康推进体医融合中,更好地推动其发展。在政府层面上完善人才引进政策,营造良好的人才引进环境和尊重人才的氛围,加大福利。完善体育与医学院校的人才培养方案,设置更加符合市场需求的健康服务专业,为健康服务市场输出更多优秀人才。建立健全体医融合人才引进、培训和考核等制度,通过情感激励、晋升激励和培训激励等形式,充分调动体医融合复合型人才的主观能动性,为体医融合实施提供行为动力,拓展体医融合深度发展空间。最后,加强继续教育培训,体育、医学院校联合建立"运动型—医学型"培养模式结构。提升体医融合工作人员的"体育＋医学"知识,设定相应体医融合培训机制和培训标准,增加体医融合复合型人才供给。将社会体育知识、健体强身的专业技能作为从事医疗行业的各级医疗机构或社区卫生服务团队工作人员继续教育和定期考核的必修内容。将运动医学、运动损伤、健康管理等与医学相关的知识融入健身工作者、社会体育指导员等工作人员的培训和考核内容。在在职培养、高校专业培养的资格认证的背景下,建立体医融合人才培养标准、培养目标、培养机制,促进人才培养系统化、科学化,同时根据人民群众健康的需求、疾病谱不断变化的事实,培养又精又专的体医融合人才,以适应社会发展需求。以复合型人才培养模式为依据,实现对人才的规范化、制度化、科学化培养,使其更系统地掌握相关知识。政府部门还要制定相关的法规政策,吸引懂体懂医的复合型人才主动参与到社区的工作和服务中,并在复合型人才培养的制度化建设层面,以相关法规政策的多元化、系统化满足主动健康推进体医融合的需求。

(六)激励机制

政府在体育和医疗卫生领域起着主导作用,承担公共服务管理职能,主动健康推进体医融合发展需要政府财政资助和激励。政府应厚植政府主导、多元治理的体医融合经济激励机制,走出符合主动健康推进体医融合的高质量发展之路。首先,政府应破除体育系统和医疗卫生系统各自为政的机制障碍,构建体育、医疗、卫生和科研机构等多元治理的体医融合经济激励机制,加大对医疗养生、锻炼指导、健身品牌、体育康复和医学康复等体医融合服务的投入,满足国民的体医融合健康服务需求。其次,体医融合外部经济性特征需要政府财税政策扶持与正向激励,体医融合服务亦具有政府垄断性,例如体育事业和公共医疗卫生事业,需要政府主导调控与适度干预,实现体医公共资源优化配置,确保体医融合服务的供给品质,有效促进体医融合深度发展。再次,政府应构建主动健康促进的管理机制,引入综合激励模型,该激励机制包含四个变量:努力、绩效、奖酬和满足感。个体努力是基于群众对健康的认同和追求;健康绩效是群众主动健康促进的反馈和成效,不仅取决于个体努力,还依赖个体运动能力和健康知识储备;奖酬是指群众主动参加体育锻炼后获得的额外刺激,包括奖励和惩罚;满足感是群众在参加锻炼后,对体质健康水平提升的自我认同。这些变量之间的有效激励,可以激发群众努力提高健康水平。建立主动健康促进激励机制时要因地制宜,在个体体质健康水平的基础上,充分考虑群众主动健康干预和体质提升目标,努力实现双赢。激励主体是不同群体,主动健康干预的激励措施主要是干预路径融合的外在激励和内在激励。外在奖励包括制定科学的考核奖励标准、营造良好的锻炼环境等。内在奖励包括举办体育项目挑战赛以满足不同群体的求胜心理,引导和维护个体兴趣、爱好,以及关注个体差异,促成个体全面发展。完善基层主动健康推进体医融合政策,鼓励各级医疗机构对患者提供运动促进健康的指导服务,建立健康医疗机构及其他医务工作者对患者开展体育健康宣传和运动健康推广的绩效考核机制;鼓励社区向广大群众提供体育健身知识、组织体育健身项目、宣传科学的体育健身知识等,提高群众健身的意识和效果,预防并有效地治疗慢性疾病。最后,在人才培养、资金投入、健身和医疗器材等方面提供保障政策,以保证主动健康推进体医融合工作顺利进行。另外,对实施运动干预的医生、运动康复师、体育指导员给予合理补贴,将主动健康推进体医深度融合的情况纳入医生职称评聘、工作考核中。绩效考核可以帮助政府了解绩效计划的实施情况,保障政府目标的实现,提高政府的工作效率。同时,绩效考核可以起到检验、评价和激励的作用。

(七)科学运动保障体系

科学运动是主动健康的实现路径,也是实现体医融合的关键。科学运动要有一个保障措施,需要构建一系列体系,包括安全保障系统、效果评估系统、科学锻炼指导理论体系、科学锻炼的组织体系、科学运动的支撑体系。其中:①安全保障系统主要是制定应急预案和操作流程,配备相关人员,制定体育医学用品与服务标准,进行运动前和运动后的风险筛查与运动过程中的风险监控、场地安全管理、器材安全管理、环境安全管理。有些患有过敏症的儿童就是因为没有适宜的场地,所以没有运动的机会,这是体医融合需要解决的一个问题。②效果评估系统主要评估身体形态、身体功能、脏器功能、生化指标、药物使用情况、卫生经济学效果等。例如,当前在临床医学方面是进行诊断融合,将运动干预技术与临床医学诊断技术相融合,从骨骼、心脏、心理、神经等方面将用药和运动相结合评估融合治疗效果,评估内容不仅包括疾病进展,还有对身心产生的影响及患者期待的健康效果。③科学锻炼指导理论体系主要是运用金字塔理论与波浪理论整合体医融合资源,使诊断、治疗、康复等实现融合,通过建立体育健康数据库(包括医学体检数据、专科诊断数据、体质健康监测数据、生活方式数据等),依托物联网、体育器材、可穿戴设备、医疗评估设备制定智能运动处方。此类运动处方要增加运动方案,既能满足健康促进的需求,又符合患者的运动兴趣与爱好,这样才能使运动处方真正实现安全、有效、可持续的运动干预。④科学锻炼的组织体系主要是要明确三甲医院、社区医院、区政府、体育系统等的职能分工、组织结构及相关工作岗位的职责,依托医联体或体医融合健康服务联合体为患者提供通过相关专业认证的运动指导师的服务,并且服务的效果可以进行医学评估。⑤科学运动的支撑体系主要是面向低氧敏感人群、对感染敏感人群、对致敏物敏感人群等打造科学运动的环境。

综上所述,主动健康推进体医融合要更大范围地促进群众健康,不能只以医院为主要实施环境。应结合地方实际,探索以政府为主导,社区、家庭、学校、企业为中心,多部门协作的健康促进模式,通过创造融合环境、搭建合作平台、培养复合型人才和健全激励机制保证该模式的运行,从而可以为主动健康推进体医融合实践开拓新的路径。

/ 第六章 /

主动健康推进体医融合的实现路径

一、社区体医融合与主动健康的实现路径

社区作为城镇的基本构成单位,是居民工作、生活与休闲等的主要场所,在人口健康老龄化与健康服务供给不平衡的大背景下,依托社区开展主动健康推进体医融合模式是健康中国稳步推进的必然路径。社区卫生服务是当前卫生服务的重心,是实现全民享有基本健康保障的基本途径。医疗卫生服务、每一项维护国民整体健康的政策措施最终都必须落实到社区,这使得基层的医疗卫生服务机构变为最适合推行体医融合的重要载体。体医融合应用在社区,对推动健康中国、提高居民健康水平以及增强居民幸福感具有重要的战略意义。第一,将体医融合应用于社区是实现健康中国宏伟目标的基石。社区作为居民生活的基本单位,在社区融入体医融合是利国利民的一项举措。第二,将体医融合应用于社区是提高居民健康水平的重要保障。体医融合可以为经常锻炼的居民提供科学的运动处方,还具有改善人的身体机能、增强人体免疫力等作用;也可以为慢性疾病、亚健康居民提供针对性的运动康复治疗方案;还可以为健康居民提供疾病预防、保健服务,尤其是针对青少年群体,可以提供预防近视或肥胖等疾病方案。第三,将体医融合应用于社区是新时代背景下提升居民幸福感的重要组成内容。将体医融合应用于社区是覆盖全民的公共服务,不仅能够满足居民的不同健康需求,还是增强居民幸福感的源泉。作为基本卫生服务的提供主体,社区卫生服务机构最贴近社区居民且能提供最优成本效益服务的主体,可有效将主动健康与社区卫生服务工作紧密结合。社区体医融合与主动健康的服务模式是借助社区医疗卫生部门在专业人才、技术设备等方面的优势,充分发挥群众的主观能

动性,通过体育锻炼增强个体体质,将我国社区公共体育服务与社区医疗卫生服务系统相结合,使体育部门与医疗卫生部门在疾病的预防、检测、治疗、康复等方面相互配合、相互补充。社区体医融合与主动健康的服务模式构建在促进健康老龄化等许多方面具有重要意义,同时还可以提高社区公共健康治理水平。

在主动健康中,健康应被视为一种宝贵的理念,健康是生活的基础也是实现个人目标和追求个人幸福的前提[28,88]。社区体医融合与主动健康的实现路径是相互关联的,通过将体育、医疗和社区资源相结合,为社区居民提供全面的健康服务,促进社区居民主动参与健康管理。但其实施不仅仅依赖医疗系统和医生的治疗,更注重个人的自我监护和自我管理。在自我监护、管理过程中,个体主动采取行动,承担起对自身健康的责任,通过积极的健康行为和决策,主动预防疾病,关注健康问题,培养健康活动,积极倡导健康行为。

社区体医融合与主动健康之间存在相互促进、相辅相成的特点,它们在整体健康管理和服务体系中具有重要的关联和作用。社区体医融合提供了更便捷、连续、全面的医疗服务,通过社区医疗机构的前置服务,可以更早地发现潜在的健康预防问题,包括慢性病的早期治疗。这为主动健康提供了更多干预的机会,鼓励人们在生活中更加主动地关注和管理自身的健康。个人积极的健康行为和健康管理,可以减轻医疗系统的压力,促进医疗资源的合理分配和利用;社区体医融合建立了一个全方位的医疗服务网络,包括基层医疗机构和综合医院之间的良好合作。在这个体系中,主动健康可以作为一个重要的补充,通过强调个人的健康管理和健康行为,更好地发挥社区医疗机构作用,实现基层医疗服务的全覆盖和高效运行。另外,社区体医融合提供了更多的健康资源和服务,这为主动健康的实践提供了更好的条件。人们可以在社区医疗机构中进行定期检查、健康评估和健康咨询,这又有利于加强个人的健康管理和监护;社区体医融合和主动健康的相互促进和相辅相成,共同优化了整体健康服务。

社区体医融合与主动健康之间存在着紧密的关系,它们相互促进、相辅相成。社区体医融合提供了更加便捷、全面的健康服务,为主动健康的实践提供了更好的条件;而主动健康让人更加注重管理自身的健康,为社区体医融合的推进提供了更好的支撑。社区体医融合与主动健康通过共同优化健康服务,共同促进了健康服务的转型和升级,提高了人们的整体性健康水平。社区体医融合的优势体现在多个方面:第一,它提高了健康服务的便捷性和质量,使患者更容易获得所需的医疗关怀。第二,社区体医融合加强了医患关系,促进了更紧密的互动和信任,有助于更好地满足患者的需求。第三,这种融合优化了医疗资源的分配,确保了更加有效和公平地利用资源。第四,社区体医融合强化了疾病管理和健康监护,使患者更容易管理慢性病和维持健康。第五,它特别强调预防和健康促进,有助于减少疾病的发生。第六,社区体医融合不仅降低了医疗风险,还减轻了患者的医疗费用负担,这使得社区体医融合成为一种可行且值得推广的健康服务模式。考虑到社区体育的特征,拟以健康管理和健康社区营造为理论依据,在主体分工、资源募集、电子健康档案构建、社区体育指导、体育运动场馆设计、社区体育健康宣传、社会服务标准构建等方面予以思考与设计。

(一)社区主体分工

在社区体医融合小组成立初期,需要明确各成员的职责和责任分工。社区卫生服务中心负责提供专业的医疗服务和健康咨询,为社区居民提供及时、便捷的医疗支持。社区体育组织的任务是通过举办健康体育活动,鼓励社区居民参与体育运动,提高他们的生活水平和心理健康素质。健康教育机构则承担开展健康教育活动的责任,提供健康知识和健康管理技能的培训,引导社区居民养成良好的健康行为和生活习惯。而社区居民代表将充当纽带角色,收集社区居民的需求和意见,并将这些反馈传达给小组,以确保服务与需求相互契合。这种明晰的分工和职责分配有助于小组更有效地履行其使命。

为了建立高效的工作机制,社区体医融合小组可以定期召开会议。会议是各成员交流和协商的重要平台,用以分享各自的进展和经验,汇报项目进展情况,并共同商讨决策。通过总结过去的工作,小组可以发现问题和不足,为进一步的工作计划和目标做充分的准备。此外,小组成员还可以在会上提出合作意向以及融合资源共享的建议,以便更好地实现协同工作,推动社区医护工作的发展。这种定期的沟通和合作有助于确保小组的高效运作和持续改进。

另外,为保证社区体医融合小组的工作顺利进行,还可以建立相关的信息共享和协作平台。通过共享平台,不同数据成员可以实时查看健康数据和健康服务情况,共同解决问题,明确各成员的职责和责任分工;协作平台,则有利于提高沟通效率,减少信息滞后,保证各方面资源得到充分利用,推进社区体医融合工作的深入开展。

通过成立社区体医融合小组,明确各成员的职责和责任分工,形成良好的工作机制,定期召开会议分享进展和经验,共同商讨决策,将体医融合理念贯彻到社区层面,推动健康管理和健康社区工作的开展,为社区居民提供更全面、便捷的健康服务和管理。

(二)资源募集

第一,争取政府支持是关键的一环。社区体医融合项目符合政府健康管理和社区发展的政策方向,因此可以积极与当地政府部门进行沟通,争取政府的财政支持和政策倾斜。通过提供详细的项目规划,向政府阐明项目资金的重要性和紧迫性,争取政府的支持。

第二,积极寻求企业赞助是另一个重要的渠道。社区体医融合项目与企业的社会责任和品牌形象息息相关。社区体医融合项目的开展将有助于提升企业的社会形象和公众认知度。因此,社区体医融合小组可以主动联系各大企业,介绍项目的价值和意义,争取企业的赞助和捐赠。同时,也可以为企业增加相关的企业宣传和推广机会,加大企业对项目的投入。

第三,社会捐赠也是一个重要的资金来源。社区体医融合项目的开展是为了改善社区居民的健康状况,提高整个社区居民的生活质量。因此,社区体医融合小组可以向社会公开募捐,通过社交媒体、公益活动等形式,广泛宣传项目的目标和意义,鼓励更多人参与。

第四,社区体医融合项目需要大量的人力资源来开展各项工作,包括健康咨询、体育活动组织、健康教育等方面。因此,社区体医融合小组可以招募志愿者,吸引热心公益事业的人员加入其中,共同推动项目的顺利实施。

第五,建立合作伙伴关系是推动社区体医融合项目取得成功的关键。社区体医融合小组可以与相关机构和组织建立合作伙伴关系,共同推动项目的开展。比如与医疗机构合作,共享医疗资源和专业知识;与健康教育机构合作,开展健康教育活动;与社区体育组织合作,举办健康体育活动等。通过建立合作伙伴融合关系,各方可以充分发挥各自的优势,共同推动社区体医融合项目的顺利实施。

通过政府支持、企业赞助、社会捐赠和志愿者支持等多种渠道募集资金和物资,建立合作伙伴关系,共同推动社区体医融合项目取得成功。资源募集为项目的开展提供坚实的支撑,为社区居民提供更全面、便捷的健康服务和管理。

(三)社区电子健康档案构建

第一,建立电子健康档案系统的意义重大。传统的纸质档案系统存在信息碎片化、难以共享、易遗失等问题,而电子健康档案系统能够集中存储和管理居民的健康数据,使医务人员可以全面地查看患者的健康历史。同时,居民个人也可以方便地了解自己的健康信息,从而加强对健康的自我管理。此系统的建立有助于提高医疗服务的效率和质量,同时也使个人更容易获得和管理健康信息。

第二,确保电子健康档案系统的数据安全性和隐私保护至关重要。随着数字化时代的到来,健康信息的安全性越发受到重视。电子健康档案系统应采用先进的技术手段,加强数据的安全防护,以防止数据泄露以及未经授权的访问。同时,建立严格的数据访问权限和管理机制,确保只有经过授权的人员才能访问和使用相关数据,以保护居民的个人隐私。

第三,实现社区卫生服务中心和社区体育组织之间的数据共享是电子健康档案系统的重要目标。社区卫生服务中心负责居民的医疗服务和健康管理,而社区体育组织则致力于健康体育活动并促进健康教育。这两者之间的数据共享可以实现信息的汇聚,为居民提供更全面、综合的健康服务。例如,社区卫生服务中心可以获取居民参与体育活动的情况,对健康状况做出更准确的判断和建议。

第四,个性化的健康服务是电子健康档案系统的应用方向。通过对居民健康数据的分析,可以实现个性化的健康管理和干预。社区医疗融合小组可以利用数据分析技术,根据居民的健康状况,推荐适合其情况的运动方式和健康饮食建议,帮助居民更好地管理自己的健康。

建立完善的电子健康档案系统是社区体医融合项目的重要组成

部分。通过该系统,可以整合居民的个人健康信息、疾病就诊、健康检查结果等,保证数据的安全性和隐私保护,并实现社区卫生服务中心与社区体育组织之间的数据共享,为居民提供个性化的健康服务,促进健康社区建设更进一步。

(四)社区体育指导

第一,建立合格的培训体系。社区体医融合小组可以与相关体育机构和教育机构合作,共同开展社区体育教练员的培训工作。培训内容可以包括体育运动知识、教学技巧、健康管理知识等方面,确保教练员具备全面的专业知识和技能。

第二,社区体医融合小组可以通过招聘、推荐或者志愿者招募等方式,吸引专业的体育教练员加入项目。可以在招募时重点关注教练员的专业背景和教学经验,确保其具备较高的教学水平和服务意识。从社会指导中心匹配相适应的运动辅导员,以支持社区居民进行健康科学的锻炼。

第三,关注多样性。社区居民的年龄、健康状况和兴趣爱好均有不同,因此体育锻炼方案应根据不同群体的特点进行个性化设计。招募的教练员需要具备适应不同群体和健康状况的能力,能够制定符合个体需求的锻炼方案。

第四,定期培训和交流。招募的社区体育教练员应当定期接受专业培训和交流活动。可以邀请专业的体育教育专家进行指导,分享最新的教学理念和方法,帮助教练员不断提升教学水平。一旦引入专业的社区体育教练员,可以结合学员的年龄、健康状况和兴趣爱好,制定个性化的体育锻炼方案。这些方案要充分考虑到学员的特点和需求,为他们量身定制合适的运动项目活动内容和强度。

第五,定期组织各种体育活动,如晨跑、太极拳、瑜伽等。这些体育活动不仅可以吸引学员参与,还能够增强学员的身体素质和心理健康。例如,晨跑可以增强学员的心肺功能,太极拳和瑜伽可以促进身体放松,增强身体柔韧性。此外,社区体医融合小组可以结合专业教练员的指导,举办健康讲座和健康活动,向学员传授健康知识和健康生活习惯,提高他们对健康的关注。通过综合性的健康服务和体育锻炼,社区居民将能够获得更全面、高效的健康管理和服务知识,促进健康水平的提升。

(五)体育运动场馆

第一,要充分利用部分居民对于部分运动项目的热爱,充分利用社区内的运动场馆资源,同时加强社区体育资源的建设,包括体育设施的种类和运动场地的选择,提高社区内人均体育资源占有率。

第二,充分利用社区内中小学、企事业单位的运动场地,适时开放,将学校运动场地、社区运动中心、卫生服务运动中心以及民间自营的运动场馆、健身房等所有体育活动场馆以及基层医疗机构纳入社区综合体育指导中心管理的范围,由政府统一管理、协调,使场地设施利用率最大化,提高社区居民参与运动的热情。

第三,体育运动场馆作为市民体质监测的实施主体,在指导居民参与运动时适当采用体质监测资源监测居民体质,也能够防止器械资源的过度浪费。

第四,可以定期举办社区相关赛事,调动社区居民主动参与体育赛事的积极性,实现全民健身目标,积极响应健康中国政策。

(六)社区体育健康宣传

第一,社区体医融合小组可以采用多种宣传方式,如制作健康宣传海报、设计健康宣传册、发布健康相关的社交媒体内容等。通过色彩鲜艳、内容简洁明了的宣传材料,向居民传递健康知识,激发他们对健康的兴趣和关注。同时,结合社区体育活动,可以在体育馆、运动场等地方张贴宣传海报,提醒居民关注健康与体育的重要性。

第二,定期举办健康宣讲会是一种有效的宣传方式。可以邀请专业的医生、健康专家和体育教练员等进行讲解,向操作者传递健康知识和健康管理技巧。通过实际案例和互动交流,帮助居民更好地认识健康问题,增强健康自我管理的能力。宣讲会上,还可以结合社区体育活动的推广,介绍体育锻炼对健康的积极影响,鼓励居民参与体育活动。

第三,定期组织健康检查活动是对居民健康状况的监测和评估。社区可以引入医疗机构对服务对象进行健康检查和评估,医疗卫生组能够正确评价居民的身体机能水平。通过测量生理指标、做健康表格调查等方式,了解居民的健康状况,发现健康问题,及时给予指导和干预。结合社区体育活动,可以在体育场或公共场所设立健康检查点,方便居民参与检查和健康评估。

第四,可以结合不同的健康主题活动,开展相关的体育和健康宣传。比如,在世界健康日、心脑血管疾病防治日等特殊日期,组织相关的健康活动。例如,在流行病期间,可以开展有关防疫知识和个人健康保护的宣传和体育活动。

第五,为了提高居民参与健康活动的积极性,可以设置健康奖励机制。例如,参加一定次数的健康活动或健康检查,就有机会获得小礼品或健康福利,激励居民积极参与健康管理和体育锻炼。

(七)社区服务标准构建

第一,社区服务要具备健康意识,主要是指社区居民需要具有较强的健康意识,对个人的健康问题和健康需求有合理认知,这就要求社区居民必须提升个人的健康素养。同时,社区健康教育的投放不仅要深入社区,更要做到定点精准投放、因人而异,尽量提高健康教育的效率,让每个居民都能掌握自己的基本身体指标和心理健康状况。

第二,社区具备多样化服务能力,主要是指在居民拥有健康意识、产生健康需求时,服务体系能够提供不同途径为居民改善健康状况,例如为残疾人提供特殊体育服务,为上班族在午休或工作后提供健康服务,多样化的服务方式能够最大化地吸引更多的居民参与增进健康的活动,进而提高服务体系的服务质量。

第三,社区服务要具备推动力。一个项目能够有效地完成离不开背后的推动力,良好的推动力能够达到事半功倍的效果。在推动力的加持下,人们不仅更积极地参与健康活动,还能持续不断地改善自己的健康状况,而不是"三天打鱼,两天晒网"。

第四,社区服务要具备可行性,主要是指能够开展健康活动的最基础的保障,社区要充分考虑到每个活动可能遇到的问题,针对性地解决问题,扫清一切活动障碍。

通过以上举措,社区体医融合小组可以将健康宣传与社区体育活动紧密结合,并传递健康知识和积极的健康理念。定期举办健康宣讲会、健康检查等活动,将健康管理与体育锻炼相结合,提高居民对健康的关注和重视。通过综合性的健康服务和宣传,社区居民将增强对健康的认知和自我管理能力,强化社区集体活动的意识和能力,促进健康水平的提升,从而实现社区居民积极性健康的目标。这有助于构建更加健康、活力四射的社区环境。

二、家庭体医融合与主动健康的实现路径

家庭是个体健康的支撑，家庭的主动健康氛围对家庭成员的健康维护与健康促进具有重要意义。家庭体医融合是指将家庭与医疗机构有效结合，建立一个紧密联系的健康服务网络，旨在提供更加全面、连续和个性化的健康服务。家庭体医融合的实践将家庭与医疗机构紧密衔接，发挥双方优势，提高全民健康水平。首先，家庭体医融合要求强化健康管理和健康教育。家庭是个人健康的重要阵地，家人之间的健康紧密关联。通过家庭体医融合，可以在家庭中开展健康教育宣传，提高家庭成员的健康知识水平和健康意识，培养良好的健康习惯。家庭成员可以共同关注家人的健康状况，实时监测并及时反馈健康问题，减少因疾病发展而造成的医疗风险。其次，家庭体医融合有助于实现健康资源的有效利用和医疗服务的下沉。家庭作为基层单位，可以通过家庭医生签约服务，将部分医疗服务下沉至家庭，提供常见病、慢性病的管理，这有助于减轻医院的就诊压力，优化医疗资源配置。家庭可以充分了解家人的健康情况，实施个性化的健康管理计划，为家庭成员提供定期的健康咨询和服务。再次，家庭体医融合强调早期预防。在家庭中，及早发现家人的身体异常或疾病症状，及时采取预防措施和医疗干预，可以降低疾病发生的风险，减轻治疗的痛苦和经济负担。同时，家庭成员可以共同关注慢性病患者的治疗进程，提供心理和情感上的支持，促进患者康复和提高生活质量。最后，家庭体医融合有利于提高患者的健康自我管理能力。在家庭的支持下，患者更加积极主动地参与健康管理，积极配合医疗机构的治疗和康复计划。医疗机构可以通过家庭成员了解患者的康复情况，为患者提供更

加保密和个性化的康复指导。综上所述,家庭体医融合的优势是多方面的。它强化了健康管理和健康教育,实现了健康资源的合理利用和医疗服务的下沉。家庭体医融合强调预防和早期干预,通过家庭体医融合,家庭与医疗机构共同努力,形成更加紧密和高效的健康服务网络,提升全民健康水平,增进人民群众的幸福感和获得感。

家庭体医融合与主动健康之间存在着紧密的关系,它们相互促进、相辅相成,共同推动健康管理和服务体系的发展。首先,家庭体医融合强调将家庭与医疗机构有效结合,提供全面、连续、个性化的健康服务。在家庭体医融合的模式下,家庭成员可以共同关注家人的健康状况,开展健康教育和健康管理。家庭成员之间的相互支持和监督,使个人更容易形成健康的生活方式,增强对健康的关注和重视,积极参与主动健康的实践。其次,主动健康激发个人在家庭健康管理中的主动参与,在健康方面主动采取行动,成为健康管理的主体。个人需要学习健康知识,采取积极健康的生活方式,定期进行健康检查。积极参与到家庭体医融合的模式中后,个人的主动健康行为得到家庭成员的支持和鼓励,增强了主动健康的实践效果。再次,在家庭体医融合的模式下,家庭成员共同参与主动健康的实践,共同制定健康目标,共同努力实现健康目标。家庭成员之间的共同奋斗,增强了主动健康的效果。家庭成员可以共同开展健康教育和健康管理,形成相互监督和鼓励的健康支持网络。最后,主动健康强化家庭体医融合的效果,在主动健康的实践中,个人更加重视自身健康,更加主动参与家庭体医融合的健康服务。通过主动健康的实践,家庭体医融合的效果得到进一步增强。个人的积极性参与和健康行为有利于提高家庭医生的服务质量,增强家庭体医融合的整体效果。也就是说,家庭体医融合与主动健康之间存在紧密联系和相互促进的特点。家庭体医融合为主动健康的实践提供了更好的基础和平台,家庭成员的共同参与和主动健康的实践,进一步增强了家庭体医融合的效果。两者之间的有机结合有利于提高全民健康水平,优化健康服务,构建更健康、更幸福的社会。在未来的发展中,应加强家庭体医融合和主动健康的理论研究和实践探索,充分发挥两者的优势,共同推动健康服务和个人健康管理的进步。然而,家庭体医融合与主动健康的实现路径是一个复杂而系统的任务,需要多方共同努力和协作。

(一)资源招募和合作伙伴建立

第一,建立与政府部门的合作机制,与当地卫生和社区服务部门建立紧密的合作关系,共同推进家庭体医融合项目。建立政府领导下的相关家庭健康工作组,由部门代表参与,跨部门协作的工作模式。积极争取政策支持,争取政府支持,推动支持家庭体医融合发展的相关政策,包括财政资金补贴、税收优惠等政策。

第二,吸引企业赞助和合作。与当地大型企业、医疗机构、健康保险公司等进行合作洽谈,寻求企业赞助和资源支持。企业可提供资金、物资、专业技术和健康管理服务等方面的支持;鼓励企业将家庭体医融合项目纳入其社会责任和公益计划,通过投入社会资源回馈社区,增加项目的可持续性。

第三,引入社会资源开展宣传活动。通过社交媒体、志愿者组织和社区活动等渠道,向公众宣传家庭体医融合项目的社会意义和价值,吸引更多志愿者参与和支持。拓展合作网络,与社会组织、非营利机构、健康专家等建立合作伙伴关系,共同推进家庭健康服务。比如,与健康教育机构合作开展健康宣讲,与体育俱乐部合作开展运动活动等。

第四,招募志愿者,成立志愿者团队。建立家庭体医融合志愿者团队,吸引社区居民和专业人士参与其中。志愿者可以提供健康咨询、运动指导、社区活动组织等服务,增加项目的影响力,扩大服务范围,为使志愿者在项目中发挥更大的作用,可以提供志愿者相关培训和激励措施,以提升服务质量和积极性。

第五,建立项目监测和评估机制。定期对家庭体医融合项目的进展和效果进行评估。通过数据分析和反馈,及时调整项目策略和优化服务;做好成果展示,及时向社区居民、政府部门和合作伙伴展示项目成果和社会影响,吸引更多资源和支持,推动项目持续发展。

(二)家庭电子健康档案构建

第一,建立家庭成员的电子健康档案平台,采用现代化的信息技术手段,集成各类健康数据,包括但不限于个人基本信息、健康状况、过敏史、家族病史、就诊记录、检查结果档案,平台应具备可扩展性和多样性,支持数据的在线录入、更新和查询,方便家庭成员随时了解自身健康情况。

第二,建立电子健康档案平台时,必须严格遵守相关法律法规,尤其是有关个人隐私保护的规定。采取加密技术和权限管理措施,确保档案中的个人信息得到明确保护,制定严格的数据安全措施,防止数据泄露和被盗,确保家庭成员对电子健康档案的信任和使用意愿。

第三,为了方便家庭成员使用电子健康档案,应提供补充的数据录入方式,如在线表单填写、上传医疗报告等,减少繁琐的操作。同时,设计用户友好的界面查询,家庭成员可以随时查阅个人健康数据,了解健康状态的变化和趋势,更好地做出健康决策。

第四,数据共享与互联。在保证个人隐私的前提下,电子健康档案平台应支持数据共享与互联。家庭成员可以授权医疗机构、社区卫生服务中心和健康教育机构等访问自己的健康数据,实现医疗资源共享和信息互通。如此一来,家庭成员在不同的健康管理服务场景下,可以享受到更加连续和一体化的健康服务。

第五,通过电子健康档案平台收集和整合大量健康数据,可以进行数据分析和挖掘,发现健康问题的潜在风险和规律。家庭体医融合小组可以利用这些数据,为家庭成员提供个性化的健康管理建议和运动处方,提高健康干预的精准性和有效性。

通过建立电子健康档案平台,家庭体医融合项目可以更好地整合家庭成员的健康信息,提供便捷的数据查询和管理服务,加强数据共享与互联,为家庭成员提供更全面、精准的健康管理服务。同时,通过强化隐私保障和数据安全措施,增加家庭成员的个人隐私权益,增加家庭对电子健康档案平台的信任和使用意愿。电子健康档案的建设将成为推动家庭体医融合的重要内容,促进家庭成员主动参与健康管理和体育锻炼。

(三)家庭运动处方库建设

第一,在家庭体医融合项目中,建立"运动食谱库"是非常重要的一步。针对不同家庭成员的年龄、健康状况和兴趣爱好,制定个性化的"运动食谱"。"运动食谱"应详细规定适合的运动种类、运动频率、运动时长、运动强度和休息间隔等,帮助家庭成员科学合理地进行运动锻炼。

第二,运动处方库的建设需要整合健康老龄化理论和社区照护服务经验,结合健康管理专业知识,制定符合家庭成员特征的运动处方。在制定运动处方时,应考虑家庭成员的身体条件、潜在的健康风险,以及家庭生活的实际情况。运动处方的制定还应与医疗机构、社区卫生服务中心等专业机构合作,获取权威健康数据和医学意见,确保处方的科学性。

第三,在制定运动处方时,可以结合电子健康档案的信息,为家庭成员提供更加个性化的运动建议。根据家庭成员的健康数据,如体质指数、血糖、血压等,以及运动喜好和生活习惯,调整运动规则的习惯,使运动计划更加符合家庭成员的实际情况。

第四,除提供运动指导方案,还应为家庭成员提供运动实施的指导和技巧。包括正确的运动姿势、热身和放松动作、运动中的注意事项等,同时,结合家庭成员的运动意愿和家庭生活特点,推荐适合在家进行的简单健身方法,鼓励家庭成员在日常生活中增加运动量。

第五,"运动食谱库"应定期进行更新和调整,根据家庭成员的运动反馈和健康状况,及时调整运动食谱。同时,家庭体医融合小组应建立健康数据跟踪系统,监测家庭成员运动执行情况和健康变化,对运动影响的效果进行评估和优化。

第六,为鼓励家庭成员积极参与运动锻炼,可以设置激励措施。例如,对完成运动指标的家庭成员给予鼓励和认可,或者在家庭成员达到一定运动目标后给予适当的奖励。这样可以增强家庭成员的运动动力和积极性。

通过建设运动处方库,家庭体医融合可以为家庭成员提供个性化的运动指导和健康建议,促进他们在日常生活中养成良好的运动习惯,提升健康主动性。整合专业知识和健康管理经验,使运动处方更加科学合理,符合家庭成员的健康特点。持续跟踪和调整运动处方,增加运动激励和奖励措施,使家庭成员更加乐于参与运动锻炼,提高家庭的整体健康水平。

(四)运动风险评估与预防

在家庭体医融合项目开展之初,有必要对家庭成员进行全面的健康评估。一方面,可以结合家庭成员的健康档案和健康表格调查等,对其身体状况、慢性病等进行评估,通过评估结果,识别家庭成员的健康风险和运动行为,为后续制定运动处方和预防措施提供依据。另一方面,根据健康评估的结果,制定预防措施,以预防家庭成员在运动中可能出现的意外和伤害。预防措施可以包括但不限于以下方面:一是运动前热身。鼓励家庭成员在进行高强度的运动前进行适当的热身活动,减少运动损伤的风险。二是逐步增加运动强度。对于长期不参与运动或有慢性病的家庭成员,建议逐步增加运动强度,避免突然过度运动引发健康问题。三是健康教育。开展健康教育活动,向家庭成员传授运动安全知识,通报常见运动伤害的预防方法和事故处理措施。四是提供运动指导。配备专业的体育教练,为家庭成员提供运动指导,确保他们以正确的运动姿势进行锻炼。五是配备紧急救援设备。在开展户外运动时,配备紧急救援设备,如急救包、急救药物等,以备不时之需。六是制定运动意外事故预案。制定运动意外事故预案,帮助家庭成员在运动中出现意外时进行紧急处理,确保及时救助和转诊。

通过运动风险评估和预防措施的实施,家庭体医融合项目可以在家庭成员参与运动锻炼时,保障其健康安全。健康评估可以全面了解家庭成员的身体状况和健康风险,为制定个性化的运动处方提供科学依据。制定预防措施和运动意外事故预案,可以降低家庭成员在运动中受损的风险,增加运动的安全性和持续性。同时,开展健康教育活动,可以提高家庭成员对运动安全的认知,进一步增强家庭成员的健康主动性。

(五)运动干预指导

第一,为增强家庭成员的健康意识和健康素养,运动干预指导需充分利用健康教育资源,开展丰富多彩的健康宣讲会和个人指导。具体做法如下:一是开展健康宣讲会。定期在社区或网上举办健康宣讲会，邀请专业医生、营养师、运动教练等专家，向家庭成员介绍运动的重要性、健康的益处和正确的运动方法。宣讲会可以针对不同健康状况的家庭成员设置不同的主题，提供个性化的健康知识。二是提供个人指导。为家庭成员提供个性化的运动干预指导。通过家庭体医融合小组或专业健康管理团队，对家庭成员进行一对一的健康咨询和运动指导。根据家庭成员的身体状况、健康目标和兴趣爱好，提供个性化的运动计划和锻炼指导，帮助他们合理运用运动时间和运动方式。三是提供健康资料。为家庭成员提供健康资料和信息，如健康手册、运动指南、健康 App 等，使他们能够自主学习和了解更多健康知识。

第二，健康知识传播。在健康教育活动中，除了传递运动干预指导，还应传播更全面的健康知识，包括饮食营养、心理健康、慢性病预防、良好的生活习惯等方面的内容。通过宣讲会、社交媒体等渠道，提供新生儿易懂的健康知识，让家庭成员了解健康的重要性和健康行为对身体的积极影响。

第三，设立健康咨询热线，为家庭成员提供便捷的健康咨询渠道。家庭成员可以通过电话、网络等方式咨询专业知识或健康管理师，获得及时的健康建议和帮助。

第四，举办健康活动。除健康宣讲会，还可以举办相关健康活动，如健康跑、健康康复训练、健身舞蹈课程等。通过这些活动，家庭成员可以在轻松愉快的氛围中运动，增加他们对运动的兴趣，加深他们对健康的认识和重视。

通过提供健康教育、传播健康知识、设立健康咨询热线和举办健康知识讲座，家庭体医融合项目可以引导家庭成员积极参与运动，增强他们的健康主动性。健康教育的开展还可以提高家庭成员对健康知识的认识和掌握，使他们在日常生活中能够更好地实施健康管理和运动干预。

(六)运动影响效果评估

第一,进行定期评估。在家庭体医融合项目中,定期对家庭成员的健康状况和运动效果进行评估是非常重要的。通过定期评估,可以了解运动干预的实际效果、问题和不足之处,及时调整运动方案和干预策略,提高运动的功效。

第二,进行指标评估。在进行运动影响效果评估时,应该提出合适的评估指标,包括但不限于以下方面:一是生理健康指标。如体脂指数(BMI)、血糖、血压、血脂等,用于评估家庭成员的生理健康状况和慢性病控制情况。二是运动指标能力。如体力测试、灵活测试、抽动力量测试等,用于评估家庭成员的运动能力和运动消耗。三是心理健康指标。如焦虑、抑郁等心理健康状况评估,用于了解运动对心理健康的影响。四是健康行为指标。如运动频率、运动时长、坚持运动的比例等,用于评估家庭成员的健康行为改变情况。

第三,选择合适的评估方法。在进行运动影响效果评估时,可以采用多种评估方法,包括但不限于以下方式:一是定量表格调查。采用表格,对家庭成员进行定期调查,了解他们的运动情况、健康状况和满意度等,以评估运动对健康的影响。二是生物测量。通过测量家庭成员的生理指标,如体重、血糖、血压等,对运动效果进行测量评估。三是运动测试。如进行体力测试、力量测试等,评估家庭成员的运动能力和运动改善情况。四是心理评估。采用标准的心理测量工具,对家庭成员的心理健康状况进行评估,了解运动对心理健康的影响。

第四,进行数据分析与应用。在进行评估后,需要对收集到的数据进行分析,以获得家庭成员的健康状况和运动效果的变化趋势。根据评估结果,家庭体医融合小组可以调整家庭成员的运动方案,以进一步提高运动的效果和益处。此数据分析与应用过程可以更加科学合理地优化健康管理策略,确保运动计划对健康产生更积极的影响。

第五,鼓励家庭成员反馈。在评估过程中,应鼓励家庭成员反馈运动的积极感受和效果。根据家庭成员的反馈,及时调整运动计划和健康干预措施,使家庭成员对健康管理的参与更加积极和主动。

健康是人类追求幸福生活的基本前提,而家庭体医融合和主动健康管理领域迫切需要人们的关注和重视。首先,家庭体医融合强调将家庭与医疗机构有效结合,提供全方位、连续性的健康服务。通过家庭医生签约服务和健康管理团队的建设,使家庭成为个人健康管理的基本单位,实现健康服务的下沉和个性化。而主动健康则强调个人在健康方面的积极行动和责任,强化预防为主、健康为先的理念。两者共同推动了健康服务的进程,从以医院为中心转变为以家庭和个人为中心,为人们提供更贴心、更便捷、更全面的健康服务。其次,家庭体医融合强调家庭成员在家庭的支持下参与健康管理和医疗服务,而主动健康激励个人在健康方面采取积极行动。这两者共同凸显了个人在健康管理中的主体地位,培养了个人的健康自觉性和自我管理能力。通过健康教育和健康指导,个人可以学习健康知识,掌握健康技能,主动参与健康监测和健康行为,形成良好的健康习惯。这不仅有利于提高个体的健康水平,还能减轻医疗负担,提高生活质量。最后,随着人口老龄化和慢性病患者增加,医疗资源面临日益加大的压力。而家庭体医融合可以让一部分医疗服务下沉至家庭,优化医疗资源的利用效率。

家庭体医融合在促进健康服务全面发展、提高个体健康管理水平、优化医疗资源配置等方面具有重要意义。通过家庭体医融合,我们可以建设更加健康、更加幸福的社会,为全民健康事业的推进贡献力量。因此,政府、医疗机构、社会组织以及个人都应积极支持和参与家庭体医融合和主动健康的推广与实践,共同建设一个更健康、更美好的未来。

三、学校体医融合与主动健康的实现路径

健康作为体育学科核心素养的重要组成,是学校体育的终极目标之一。健康目标的实现必然要通过学校体育和主动健康教育的融合发展,让学生在体育与健康课程中学习运动技能、锻炼体能的同时,掌握诸如防病治病、日常卫生保健、科学进行体育锻炼等内容,提升学生健康水平。仅掌握一定的运动技能,缺少必要的卫生保健知识和健康生活方式,是无法真正提升学生健康的,所以学校体育与健康教育融合发展是实现学生主动健康的必要途径。体育运动作为主动健康促进的重要手段,与健康教育一起贯穿在人的一生中,在不同生命阶段有其特殊的方式和价值。学生阶段是价值观、生命观形成和行为习惯养成的关键阶段,是全生命周期健康管理的奠基阶段。在这一时期所习得的体育知识技能、健康知识与技能,形成的价值观、生命观、健康观,会影响其一生。学校体医融合是指将医疗资源与学校教育有机结合,为学生提供全方位的健康服务和健康教育。学校体医融合的意义在于促进学生健康成长、优化学习环境、提高学生综合素质、构建健康校园等。同时,学校体医融合的优势也体现在提高学生健康水平、促进学习成绩等方面。学校体医融合的实施,有利于为学生的身体健康保驾护航,为学校的全面发展提供有力支持,构建更加健康、快乐的校园环境。因此,各级教育部门、学校和社会各界要共同努力,推动学校体医融合发展,为学生的全面发展和终身健康奠定坚实基础。

学校体医融合与主动健康是在不同层面上促进学生身体健康的两个关键概念。虽然它们存在一些不同的侧重点,但两者实践之间存

在着紧密的关系,相互促进、相辅相成。首先,学校体医融合旨在将医疗资源与学校教育紧密结合,为学生提供全方位的健康服务和健康教育,关注学生的身体和心理健康。而健康的主动性则强调个人在健康方面的健康积极行动和责任,鼓励学生主动关注自身健康,积极采取健康行为和生活方式。两者都以学生的健康为出发点,共同关注学生的身体健康问题。其次,学校体医融合和主动健康的最终目标都是提高学生的健康水平。学校体医融合通过医疗资源与学校教育的融合,为学生提供全方位的健康服务,促进学生的身体健康。而主动健康则强调学生在健康方面的主动参与和责任,培养学生良好的健康行为和生活习惯。两者共同努力,以提高学生的健康水平为共同目标。再次,学校体医融合和主动健康的实践有利于打造健康积极的校园环境。学校体医融合将医疗资源引入校园,提供全方位的健康服务,实现了医疗与学校的有机结合。而主动健康则强调个人在学校和家庭中主动参与健康管理,形成健康意识。学校体医融合和主动健康共同构建了以健康为导向的校园环境,打造了更加健康、积极向上的校园环境与文化。最后,学校体医融合与主动健康相辅相成,共同实施可以取得更佳的效果。体医融合通过提供全面的健康服务,为学生的身体健康提供保障,为主动健康的实践提供了基础。而主动健康则通过培养学生的健康意识和健康行为,使学生更加主动地参与体医融合的服务,形成良性循环。学校体医融合与主动健康之间存在紧密的关系。学校和医院双方共同关注学生的身体健康,目标一致,共同努力构建融合健康体系,相辅相成,效果更佳。从体医融合视角切入主动健康,将其融入学校体育的发展路径,能更好地促进学生身心健康和完全人格的形成,为整个生命周期的健康管理、提升生命质量奠定基础。同时,主动健康的有机结合可以为学生的健康成长和全面发展提供更好的支撑和保障。因此,学校和教育部门应积极推进学校体医融合和主动健康的实践,构建学生健康管理的良好机制,共同促进学生的全面发展和终身健康。

学校体医融合与主动健康的实现路径是通过将体育、医疗和学校资源结合起来,为学生提供全面的健康服务和促进主动健康的机会。要建立主动健康教育体系,从幼儿园到大学,围绕各阶段学生和教职员工的主动健康需求,在体育与健康课程、学校管理和教育教学活动、学校文化建设、官方宣传平台等软硬件中一体化融入主动健康相关内容,搭建主动健康教育体系,促进学生主动健康的兴趣培养、能力形成和习惯养成。以终身体育、健康素养、运动技能习得为理论依据,在健康宣传教育、运动健康技能传授、电子健康档案构建、运动处方库建设、运动风险评估与预防、运动干预指导、运动干预效果评估等方面予以思考设计。

(一)学校健康宣传教育

第一,健康主题日活动。学校可以定期举办健康日、运动日、营养日活动等,围绕健康特定主题展开宣传教育活动。这些活动可以包括健康知识讲座、健康小品演出、互动游戏和展览等,以有趣的方式吸引学生的参与。

第二,健康知识竞赛。举办健康知识竞赛,让学生在比赛中学习健康知识,并通过竞争提高对健康的认识和重视程度。这样的竞赛可以在校内班级之间进行,也可以组织更大规模的校际比赛,提高学生的参与热情。

第三,健康俱乐部。成立健康俱乐部,鼓励学生积极参与健康活动,促进交流。俱乐部可以定期举办健康宣讲会、健康运动和健康生活技能培训,让学生在轻松愉快的氛围中学习健康知识和技能。

第四,学生参与健康宣传策划。鼓励学生参与健康活动宣传的策划和组织,让学生成为宣传活动的主角。学生可以通过校内广播、社交媒体等渠道传播健康信息,向同学传递积极的健康理念。

第五,健康文化节。学校可以举办健康文化节,收集各类健康相关的活动和展览。例如,学生可以分享自己的健康创意作品、健康科普知识等,加深对健康的认识和理解。

第六,健康明星分享。邀请知名健康专家、运动员来学校分享健康经验和心得,这样的活动激发了学生积极追求健康的动力。

通过以上健康宣传教育活动,学校可以有效提高学生对健康的认识和重视程度。通过生动有趣的形式传递健康知识,学生更容易接受,印象更深,更有参与主动健康的动力。同时,让学生参与健康宣传活动的策划和组织,增加了他们对健康的参与和主动性。这样的积极举措有利于在学校内部营造向上的健康力量,为学生的体育和健康素养奠定坚实的基础。

(二)运动健康技能传授

第一,多样化的体育课程。学校可以根据学生的年龄、兴趣和健康状况,设计多样化的体育课程。除了传统的体育项目,还可以引入一些新颖有趣的运动方式,如舞蹈、健身操、攀岩等,吸引更多学生参与,并培养他们对不同运动的兴趣。

第二,体育项目体验日。定期开展体育项目体验日,让学生有机会尝试各种体育项目。学校可以与当地体育俱乐部、运动协会等合作,提供专业的指导和教学,让学生在体验中了解不同运动的技巧和乐趣。

第三,运动技能培训班。学校可以举办运动技能培训班,让感兴趣的学生有机会学习特定的运动项目。例如,篮球培训班、足球培训班等,由专业教练传授技巧,帮助学生提高运动能力水平。

第四,安全运动教育。在体育课程中,加强安全运动教育,向学生传授运动姿势、热身和放松方法,教育学生运动时应注意的安全事项。此外,还可以举办安全运动知识竞赛和讲座,增强学生的安全意识。

第五,运动技能分享会。鼓励学生与同学分享自己的运动技能和经验。定期组织运动技能分享会,学生可以向其他同学展示自己的特长和成果,激励更多的学生参与运动,共同提高运动水平。

第六,建立运动社群。在学校内部建立运动社群,让热爱运动的学生有一个交流和分享的平台。社群可以通过线上社交平台或线下聚会等形式组织活动,促进学生之间的交流和合作,共同进步。

通过上述措施,学校可以更好地传授运动健康技能,满足不同学生的需求,让他们在学校的体育课程和活动中获得积极的体验。引入专业的体育教学,为学生提供专业的指导,帮助他们掌握正确的运动技能和方法,从而提高运动的效果和安全性。同时,鼓励学生参与体育项目、运动技能培训班和运动技能分享会等活动,将运动融入学生的日常生活,培养学生对运动的兴趣和热爱,促进学生主动投入健康的运动生活。

(三)学校电子健康档案构建

第一,互联网健康平台。学校可以与专业的健康科技公司合作,建立互联网健康平台,为学生建立电子健康档案。通过平台,学生和家长可以随时查看个人的健康信息、健康报告和运动记录,实时了解自身健康状况。

第二,家校联动。将学生的电子健康档案与家庭健康档案进行联动,加强学校与家庭之间的沟通与合作。家长可以通过家庭健康档案了解学生在学校的体育活动和运动习惯,从而共同关注学生的健康发展。

第三,健康评估与习惯建议。电子健康档案中可以设置健康评估模块,通过学生的个人健康信息和运动,为他们提供健康评估和建议。学生可以根据评估结果了解自己的健康状况,同时获得个性化的运动建议,帮助他们制订合理的运动计划。

第四,数据隐私保护。学校在建立电子健康档案时,必须严格遵守数据隐私保护的相关法律法规。采取数据加密、权限管理等措施,确保学生个人信息的安全和保密。同时,加强师生的信息安全意识,防止信息泄露和窃听事件的发生。

第五,健康教育资源。电子健康档案平台可以建立健康教育资源库,收集和整理丰富的健康知识、运动技巧和健康资讯。学生可以通过平台自主学习和查询相关健康知识,提高健康素养和健康意识。

通过电子健康档案的构建,学校可以为学生提供个性化的健康管理和运动指导,促进学生主动参与健康管理和运动锻炼。同时,建立健康评估和建议功能,让学生了解自身健康状况,并根据评估结果制订适合自己的运动计划。电子健康档案的建立需要重视数据隐私保护,确保学生个人信息的安全和隐私。鼓励学生和家长参与其中,加强家校合作,共同关注学生的健康发展。学生可以主动学习健康知识,形成健康的生活方式,为终身体育和健康素养的建设奠定基础。

(四)学校运动处方库建设

第一,运动项目分类。在运动处方库中,将不同的运动项目进行分类,如力量运动、力量训练、有氧训练等。每个分类下面再细分不同的运动项目,确保学生选择适合自己的运动方式。

第二,定制运动处方。根据学生的年龄和健康状况,为学生制定个性化的运动处方。年龄较小或健康状况较好的学生,运动处方可能会相对简单;而年龄较大或健康情况较差的学生,运动处方可能会相对复杂。

第三,运动频率和强度指导。在运动说明中明确指导学生的运动频率和强度。例如,每周进行几次运动、每次运动的时间和运动的强度等。这样科学合理的指导不仅能够帮助学生更好地掌握自身的运动频率和运动强度,控制运动量,还可以避免运动过度或运动不足的情况。

第四,教师指导。学校体育教师在运动处方的制定中起着重要作用。他们可以为学生制定最适合的运动处方,并在实际运动过程中给予学生指导和支持。

第五,运动食谱与体育课程融合。将运动食谱库与学校体育课程融合,让学生在体育课上学习不同的运动项目和技能,并在课后选用适合的运动食谱。这样的融合能够让体育课程更加实用化和个性化,让学生学以致用。

第六,体育活动指导。学校可以组织丰富多彩的体育活动,如运动比赛、健身集会等。运动处方库可以帮助学生选择适合自己的体育活动,并鼓励他们积极参与,提高身体健康水平。

通过建立运动指导库,学校能够为学生提供个性化的运动指导,让他们根据自身年龄和健康状况选择合适的运动项目和运动强度,促进身体健康的发展。体育教师在运动处方的制定和指导中扮演着重要的角色,他们能够根据学生的情况精准定制运动计划,提供专业的指导和支持。同时,运动处方库的建设也能够推动学校体育课程的改进和优化,促进学生体育水平的提高。

(五)运动风险评估与预防

第一,健康表格调查。在学生参与运动前,进行健康表格调查,了解学生的健康状况和体质特点。学校可以利用标准化的健康表格,该表包含个人疾病史、家族疾病史、过敏情况等内容，从而全面了解学生的身体状况。对学生进行基本的体能测试，如身高、体重、肺活量、柔韧性等。通过体能测试，学校可以评估学生的体力水平和运动适应能力，进一步了解学生是否适合参与特定运动项目。

第二，运动历史记录。记录学生的运动历史，包括过去参与的运动项目、运动频率和强度等。这可以帮助评估学生的运动经验和潜在风险。

第三，专业医学检查。针对特定体育项目或高风险运动，建议学生进行专业医学检查，以确保其身体状况适合参加该项目。学校可以与专业医疗机构合作，为学生提供便捷的检查服务。

第四，制定预防措施。根据运动风险评估的结果，针对潜在风险制定相应的预防措施。例如，对于关节问题风险较高的学生，建议参与低强度的有氧运动。

第五，运动防护装备。对于需要特定防护装备的运动项目，学校应提供相应的防护装备，并保证学生正确佩戴和使用。例如，滑雪运动需要头盔和护膝，剧烈球类运动需要护具等。

第六，运动前热身。强调学生在参与运动前进行适当的热身活动，预防运动伤害。学校体育教师可以向学生演示正确的热身动作，并指导学生进行热身活动。

第七，安全监护。在学生参与运动时，专业人员进行安全监护，及时处理可能出现的意外情况，确保学生的安全。

通过运动风险评估和措施的实施，学校可以最大限度保障学生参与运动的安全。借助健康问卷调查、体能测试和运动历史记录，了解学生的身体状况和运动经验，制定个性化的措施。加强对学校特定运动项目的医学检查和运动防护装备的提供，进一步保障学生的安全。同时，通过体育教师的指导和安全监护，学生在运动中受到适当的引导和保护。这样的做法可以让学生在安全的环境下参与运动,促进身体健康的全面发展。

(六)运动干预指导

第一,学校医护团队参与。学校可以组建专业的医护团队,包括医生、护士和健康教育专家等,负责为学生提供运动干预指导。医护团队可以根据学生的健康状况和运动需求,定制运动计划、提供健康建议,并定期进行跟踪指导。

第二,专业体育教练指导。学校可以聘请专业的体育教练,为学生提供专业的运动指导和技术培训。体育教练可以根据学生的运动水平和兴趣爱好,选择适合他们的运动项目和训练计划,帮助他们在运动中提高技能水平。

第三,个性化健康建议。运动干预指导应根据学生的个人情况提出个性化的健康建议。例如,对于体育特长生,可以加强技术训练;对于经常久坐的学生,可以推荐合适的有氧运动,如慢跑、游泳等,促进身体活动量增加。

第四,健康生活方式教育。除了运动指导,学校医护团队和体育教练还可以进行健康生活方式教育。他们可以向学生宣传健康知识,强调均衡饮食、规律作息、远程运动等生活习惯的重要性,鼓励学生在日常生活中养成健康的行为习惯。

第五,制订个人运动计划。在运动指导过程中,鼓励学生主动参与制订个人运动计划。这样能够增强学生的主动性和自我管理能力,让他们在运动中更加自觉。

第六,定期跟踪指导。运动指导不宜停步于间歇的指导,校医护团队和体育教练应定期跟踪学生的运动情况和健康状况,及时调整运动计划和健康建议,确保学生的运动效果和健康实现。

通过运动干预指导,学校可以为学生提供个性化的运动计划和健康建议,帮助他们制定合理的运动目标,养成良好的运动习惯和健康生活方式。引入医护团队和专业体育教练,能够确保运动干预的专业性和有效性,同时通过健康活动教育,增强学生的健康意识和健康行为习惯。学校还应鼓励学生主动参与运动干预,增强他们的主动性和自我管理能力。通过定期跟踪指导,学校可以及时了解学生的运动状况和健康效果,适时调整运动计划和健康建议,最大限度地促进学生的健康发展。

(七)运动影响效果评估

第一,多维度评估。为了全面了解学生的健康状况和运动效果,评估应从多个维度进行。可包括生理指标(如身高、体重、肺活量等)、心理指标(如情绪状态、压力水平等)、运动能力指标(如运动成绩、技能水平等)以及健康生活方式指标(如饮食习惯、睡眠质量等)等。

第二,定期评估。评估应该定期进行,可以根据学校的安排,每学期或每学年进行一次。通过定期评估,学校可以追踪学生的健康和运动变化情况,及时发现问题并改进。

第三,制定评估标准。为确保评估的准确性,应制定相应的评估标准和评分体系,以掌握学生的健康和运动情况,并根据不同的饮食和健康目标进行调整。

第四,运动影响效果评估。将运动影响的效果纳入评估范围,根据学生的运动计划和健康建议,评估运动对学生健康和运动能力的影响。

第五,参与学生反馈。评估不仅要依靠专业医护团队和体育教练,还应该收集学生的反馈。学生对于自己的健康感受和运动效果有独特的体验,他们的反馈可以提供宝贵的信息,有助于改善运动干预策略。

第六,运动影响效果调整。根据评估结果,学校可以及时调整学生的运动计划和健康建议,优化运动处方库和运动干预指导,提高运动影响的功效和储备。同时,评估结果也可以为学校的体育课程和健康宣传教育提供反馈,推动学校健康教育的不断优化和完善。

通过定期评估学生的健康状况和运动效果,学校可以了解运动对学生的健康产生的实际影响。评估结果可以为学校提供重要的参考,调整运动计划和健康建议,提高运动的效果。学生的反馈可以帮助学校更好地改进运动干预策略。持续的评估和调整,使学校可以不断优化学生的运动体验和健康成效。

在以上综合措施下,学校体医融合推进了学生主动健康的实现,引导学生养成积极的健康行为,促进学生的健康发展。这种综合性的健康管理模式可以为学生提供更全面的健康服务,有利于在学校期间培养健康的生活方式,为终身体育和健康素养奠定坚实的基础。

四、企业体医融合与主动健康的实现路径

企业体医融合与主动健康的实现路径是通过将体育、医疗和企业资源结合起来,为员工提供全面的健康服务和促进主动健康的机会。以健康生活的方式、人力和健康投资为理论,探讨企业体医融合的现实路径。企业体医融合的意义在于提升员工的身体健康水平,优化企业运营效率,构建健康的企业文化,增强企业的竞争力,促进企业的可持续发展。因此,更多的企业要积极推进企业体医融合的实践,推动健康管理发展战略,为员工的全面发展和企业的长期发展创造更好的条件和环境:企业体医融合与积极性健康是企业健康管理领域的两个

重要概念,它们相互关联、相互促进,对于提高员工健康水平、优化企业运营效率以及提高员工工作积极性等方面都具有重要意义。对企业体医融合与主动健康之间的关系进行分析后,总结出以下几点。

一是共同关注员工健康。企业体医融合强调将医疗资源与企业健康管理紧密结合,为员工提供全方位的健康服务和健康检查。同时,健康主动性强调员工在健康方面的积极行动和责任,激发员工主动性。企业体医融合和主动健康都以员工的健康为出发点,共同关注员工的身体和心理健康问题。

二是提高员工健康水平。企业体医融合通过提供全方位的健康服务和健康检查,帮助员工及时发现健康问题并进行干预和治疗,从而提高员工的健康水平。进而培养员工良好的健康行为和生活习惯,鼓励员工在工作之余关注个人健康,形成健康的生活方式。二者共同推动员工的健康管理,促进员工的身体健康。

三是优化企业运营效率。企业体医融合通过提供健康服务和健康检查,可以预防和减少员工因健康问题引起的请假,优化企业运营效率。同时,主动健康鼓励员工养成良好的健康行为,有助于降低慢性病的发生率,降低企业的医疗成本和人力成本,提高企业的经济效益。

四是提高员工工作积极性。员工的健康状况与工作表现密切相关。健康的员工更加有活力和动力投入工作,更加积极主动地完成任务。企业体医融合和主动健康共同促进员工健康水平的提升,提高员工的工作积极性和创造性,有利于提高企业的综合竞争力。

五是构建健康的企业文化。企业体医融合和主动健康的实践有利于构建健康的企业文化。通过将医疗资源与企业健康管理有机结合,提供全方位的健康服务。而主动健康则通过鼓励员工主动参与健康管理,进一步强化了健康企业文化的建设。

综上所述,企业体医融合与主动健康在企业健康管理领域相互关联、相互促进。它们共同关注员工的健康,以提高员工的积极健康水平、优化企业运营效率、提高员工工作积极性和构建健康企业员工文化。企业要积极推进企业体医融合的实践,构建健康企业,关注员工身体健康,促进企业健康发展。通过健康宣传教育、运动处方库建设、运动风险评估与预防、运动干预指导、运动干预效果评估等措施,推动企业员工积极参与健康管理和体育锻炼,提升员工的健康水平,增强企业的人力资本价值。

(一)企业健康宣传教育

第一,健康知识教育。通过企业内部宣传栏、员工通信录、公司网站等渠道,定期发布健康知识和健康理念。健康知识和健康理念涵盖了健康营养、心理健康、运动保健等方面的信息,让员工了解如何保持身体健康、预防常见疾病。通过健康手册、健康资料册等宣传册,让员工可以随时查阅和学习健康知识。这些资料包含饮食健康指南、锻炼方法、心理调适技巧等内容,帮助员工掌握健康管理的基本知识。

第二,健康宣讲会。定期组织健康宣讲会,邀请专业医生、健康专家等为员工进行健康知识讲解和健康管理指导。这些宣讲会可以涵盖不同的健康主题,提供实用的健康建议和健康实践指导。

第三,健康主题月。每月设置不同的健康主题,如心脏健康月、饮食平衡月、压力管理月等,将健康宣传教育与日常工作紧密结合。在健康主题月期间,开展相关健康活动和宣传,增强员工对健康的关注。

第四,健康应用。为员工提供健康管理类的手机 App,让员工可以随时了解健康信息、监测身体指标、制定健康目标等。这样的应用可以增强员工对健康的主动性,让健康管理融入日常生活中。

第五,员工分享。鼓励员工分享健康知识和健康心得。可以通过健康知识分享平台或线上社区,让员工互相学习和交流健康经验。

通过健康宣传教育,企业可以让员工了解健康的重要性,增强他们对健康的关注和认识。健康宣传教育可以涵盖多方面的健康知识,包括饮食健康、运动保健、心理健康等,通过定期举办健康宣讲会和提供健康手册等形式,为员工提供更具体的健康指导和健康建议。企业还可以设立健康主题月,增强员工对健康的关注和参与。通过使用健康应用,鼓励员工分享健康经验的方式,可以提高员工对健康管理的积极性和主动性,让健康管理融入员工的日常生活中。

(二)企业运动处方库建设

第一,瑜伽运动项目。在运动处方库中头部训练的运动项目,包括有氧、力量训练、柔韧训练、瑜伽、舞蹈等。这些运动项目可以满足不同员工的运动需求和偏好,让他们能够选择适合自己的运动方式。

第二,根据健康状况分类。将运动处方库根据员工的健康状况进行分类,如高血压、糖尿病、肩颈疼痛等。针对不同的健康状况,提供相应的运动建议和注意事项,确保员工运动的安全。

第三,员工参与制定。鼓励员工参与制定个性化的运动处方。可以通过表格调查、健康评估等方式,了解员工的运动需求和健康目标,然后根据结果制订适合的运动计划。

第四,运动处方推广。通过企业内部宣传、健康宣讲等方式,将运动处方推广给所有员工,让员工了解运动处方的作用和意义,鼓励他们积极参与运动,促进身体健康。

第五,提供运动指导。为员工提供运动指导,帮助他们正确掌握运动技巧和方法。可以引入专业的运动教练,进行定期的运动指导课程,或者提供在线运动指导视频和教程。

第六,定期更新。运动处方库应定期进行更新和完善。随着科学研究的进展和健康状况的变化,运动处方库也需要进行相应的调整。定期更新运动处方库,保证其时效性和科学性。

　　企业建立运动处方库,可以为员工提供个性化的运动方案,满足不同员工的健康需求。运动处方库的设计,可以根据员工自身健康状况和喜好选择适合的运动项目,鼓励员工参与制定运动处方,增强他们的主动性和积极性,让他们能够主动参与健康管理。通过运动处方库建设,企业可以促进员工的身体健康,提升员工的工作效率和生产力,实现共赢的健康发展。定期更新运动处方库,可以保证其时效性和科学性。

(三)运动风险评估与预防

　　第一,健康评估。在员工进行体育锻炼前进行健康评估,了解员工的身体状况和潜在的健康风险。可以通过问卷调查、体检等方式,获取员工的健康信息,确保他们适合参与特定的运动项目。

　　第二,运动能力评估。对于涉及较高风险的运动项目,如高强度的有氧训练、力量训练等,可以进行运动能力评估。通过专业的测试,了解员工的运动能力水平,确保他们在进行运动时能够控制风险。

　　第三,提供运动指导。为员工提供运动指导,帮助他们正确掌握运动技巧和方法。在体育锻炼中,员工应该注意正确的姿势和动作,避免运动不当造成的伤害。

　　第四,安全设施和装备。为员工提供安全设施和装备,保障他们在安全的环境下进行体育活动。例如,在健身房提供应急医疗设备、护具等,确保员工在运动中得到及时的援助。

　　第五,指导员工热身。在员工进行高强度运动前,引导他们进行适当的热身活动。热身可以帮助员工预防运动伤害,减少运动后的肌肉疼痛。

第六,提供运动风险教育。通过健康宣讲、培训等方式,向员工传递运动风险教育。让员工了解不同运动项目的风险和注意事项,增强他们对运动安全的认知。

第七,建立应急预案。在员工参与高风险运动项目时建立应急预案。规定运动意外发生时的应急措施和处理流程,确保员工在遇到意外情况时能够得到及时的帮助和处理。

通过运动风险评估与预防,企业可以识别员工的潜在运动风险,采取相应的措施预防运动伤害的发生。提供运动指导和风险教育,帮助员工正确掌握运动技巧和方法,增强他们对运动安全的认识。同时,建立应急预案,确保员工在遇到运动意外时能够得到及时的援助和处理。通过这些措施,企业可以保障员工在安全的环境下进行体育活动,提升员工的身体素质和工作效率,促进企业的可持续发展。

(四)运动干预指导

健康评估和目标设定,即在员工进行运动干预前进行健康评估,了解员工的身体状况和运动能力。根据评估结果,共同制定个性化的运动目标,确保运动计划与员工健康需求相一致。

第一,提供运动方案。根据员工的健康评估结果和目标设定,为员工提供专业的运动方案。这些方案应包含运动种类、频率、强度等细节,帮助员工明确每周的运动计划。

第二,持续激励与支持。运动干预过程中,通过定期反馈,为员工提供持续的激励和支持。鼓励员工坚持运动,及时解决他们在运动中遇到的问题和困难。

第三,调整运动方案。根据员工的实际情况和反馈,定期评估运动效果,及时调整运动方案。这样可以保证员工的运动计划始终保持科学合理,满足员工的健康需求。

第四,制作运动计划表。为员工制作运动计划表,让他们可以清晰地了解每天、每周的运动安排,这样有助于员工养成规律的锻炼习惯,促进运动的持续性。

第五,提供运动反馈。通过运动监测设备或运动 App 等工具,向员工提供运动反馈和数据分析,这样可以帮助员工了解自己的运动情况和进展,激发他们运动的积极性。

第六,运动小组或伙伴。鼓励员工参加运动小组或与同事组成运动伙伴,互相监督和支持,增强员工的运动动力,增加运动的乐趣和成就感。

通过运动干预指导,企业可以帮助员工定制科学合理的运动方案,激励他们养成持续锻炼的习惯。定期提供运动反馈和支持,让员工能够清晰地了解自己的运动情况,增加运动的积极性和动力,同时,鼓励员工参加运动小组或与同事组成运动队,相互监督和支持,增强员工的运动动力和执行力。通过这些运动干预指导措施,企业可以帮助员工养成良好的运动习惯,促进员工身体健康,提高工作效率和生产力。

(五)运动干预效果评估

健康指标评估,即定期对员工的健康指标进行评估,包括体重、血糖、血压、血脂等健康指标的变化。通过评估,了解运动干预后的健康状况改善情况,判断运动干预对员工的影响。

第一,改善运动习惯。评估员工运动行为的改善情况,包括运动频率、运动时长等方面的变化。通过比较运动与不运动对员工身体的影响来进行评估。

第二,评估心理健康。为了了解员工心理健康的改善情况,可以通过问卷调查或心理评估等方式。

第三，收集员工反馈。定期收集员工对运动影响效果的反馈。员工的意见和建议是影响运动效果的重要依据，通过收集反馈，了解员工的意见和需求，及时调整运动策略。

第四，结果分析与优化。根据评估结果，对运动影响效果进行分析和总结。发现问题和不足之处，及时进行优化和改进，提升运动影响的效果。

第五，调整运动处方。根据评估结果和员工的反馈，适时调整运动处方。对于健康指标未达到预期的员工，可以根据个体情况，重新制订更适合的运动计划，帮助他们实现健康目标。

第六，持续改进。健康管理是一个持续改进的过程。通过定期的运动干预以及效果评估，不断优化健康管理策略，使企业体医融合的健康管理模式不断完善。

通过运动影响效果评估，企业可以了解员工在运动影响后的健康状况和运动习惯的改善情况，判断运动影响的效果。同时，收集反馈意见，了解他们对运动影响的需求，及时通知员工调整运动方案和干预策略。通过不断的改进和优化，不断完善企业体医融合的健康管理模式，实现员工身体健康与企业可持续发展的共赢。

通过以上路径的实施，企业体医融合可以为员工提供全面的健康服务，促进员工主动关注和管理自身健康。企业体医融合与主动健康的实现需要企业领导层的支持和投入，以及员工个体的积极参与，进而提升员工健康水平，促进企业的可持续发展。

五、主动健康推进体医融合协同治理路径

体医融合是一项创新性的工作，它将竞技体育科技和临床医学科

技的知识从不同角度进行整合,用于研究和探索人体运动。这个整合过程旨在形成新的理论体系和实践路径,以指导科学运动在全人群、全生命过程中的应用。

科学的运动是主动健康重要的组成部分,它不仅能维持身体健康,还能减少运动伤害的发生。主动健康作为最突出的新兴产业,协同治理是最重要的路径,而协同治理中最重要、最直接的方式就是体医融合。推动体医融合,充分发挥主动健康在疾病预防和康复等方面的作用,积极推广覆盖全生命周期的运动健康方式,从而形成主动健康推进体医融合的高质量发展。主动健康推进体医融合协同治理是指各相关领域(如体育、医疗、教育、政府等)之间的合作与协调,以实现综合健康管理和促进主动健康的目标。

一是借鉴发达国家的成功经验。以美国为代表的发达国家走在体医融合协同治理的前列,通过多年体医融合战略实践,构建了相对完善的协同治理体系。因此,对代表性发达国家体医融合多元主体协同治理的渊源及发展历程进行分析,借鉴其成功经验,获得启示,进而为主动健康推进体医融合多元主体协同治理推进机制提供参考。

二是完善政府主导的统筹机制。政府主导的统领作用尤为关键,完善政府主导的统筹机制,能够最大限度发挥政府的核心作用,提升体医融合协同效应。政府部门应制定有关体医融合的政策和指导性文件,明确各相关方的责任和义务,确定体医融合的战略目标和发展方向,推动跨部门合作和资源整合。

三是深化多元主体的理念认同机制,充分发挥理念的认识、指导、激励和文化价值,进而促进理念对行为的引领作用,尤其是提升卫生管理主体、卫生服务主体对体医融合的理念认知度。开展跨领域的教育和培训,培养体医融合的专业人才。通过提供相关课程和培训项目,增强专业人员的跨学科合作能力和综合健康管理技能。

四是加强多元主体的部门协同工作,加强跨部门合作与沟通,在不同领域的机构和部门之间建立合作关系,如体育机构、医疗机构、教育机构和政府部门等。将活动放置在社区、家庭、学校、企业中,鼓励群众参与体医融合项目和活动,共同推进健康教育和促进主动健康的工作。同时,建立跨学科的专业团队,包括体育科学家、医生、康复师、营养师等。团队成员共同协作,为患者或参与者提供个性化的健康管理和康复服务。定期开展会议和沟通,共享信息、资源和实践,协调工作并制定共同目标,为体医融合协同治理提供组织保障。

五是明晰多元主体的责任分担机制,推动体育服务与医疗服务融合发展,体育、卫生等部门既要承担自身职责,又要落实相关责任,形成营利性健康服务企业和非营利性社会组织互相配合的局面。

六是优化多元主体的资源共享机制。将体医融合的资源聚集在多元主体当中,实现沟通平台、技术、信息、人才等多元主体资源共享,发挥协同治理的优越性,能够最大限度实现资源的优势互补,提升协同治理效应。同时,建立健康信息交流平台,促进体医融合中的数据共享和信息交流。在保护个人隐私的前提下,医疗机构、体育机构和其他相关机构共享健康数据和研究成果,为协同治理提供依据。

七是推进科技的创新应用机制。积极应用科技创新,如健康管理App、智能设备等,提高体医融合的效率和效果。探索新的技术和方法,如远程医疗、大数据分析等,为体医融合提供更多的可能性和机遇。

通过以上路径的实施,体医融合协同治理能够促进各相关领域之间的合作与协调,实现综合健康管理和促进主动健康的目标。这需要政府、机构、专业人员和社区居民之间的共同努力,形成协同治理的机制和文化。

/ 第七章 /

总结与展望

　　新时代体医融合作为健康中国战略实施的重要手段之一,有效地将体育这一非医疗手段与预防、治疗和康复等综合性医疗服务体系相融合,这对提升全民健康水平、加快新型产业发展、形成社会健康氛围、创新体医人才培养模式等具有十分重要的作用。而主动健康是一种多主体参与,通过居民发挥主观能动性获取健康相关知识并将其转化为健康行为的整体医学模式。卫生健康行政部门、医疗机构、教育机构、宣传机构和个人均是促进主动健康的重要角色。各部门间通力合作,各主体责任明确,积极承担自身责任,可以全方位全周期地保障人民健康,促使我国主动健康推进体医融合的进步和发展,早日实现全民健康。目前国内对该模式的研究和应用尚处于新兴阶段,仍需政府、社区、家庭、学校、企业等各界高度重视、通力合作,才能推进该发展模式的长效运行,从而实现新形势下主动健康推进体医融合应有的功能及作用。

　　主动健康推进体医融合协同治理的未来相关主体构成将更为广泛,如何在统一的治理目标下,理顺多元主体间的权利与义务关系,构建网络组织关系,充分发挥多元主体在主动健康推进体医融合中的能动性,进而迸发健康促进的聚合力,将成为未来研究的关键。多元主体是利益相关者,如何满足不同利益相关者的利益追求将是提升主动健康推进体医融合多元主体协同动力的关键。如何运用组织管理、实施流程、运行机制、体医融合合作平台、体医融合复合型人才、激励机制等机理,将成为探究主动健康推进体医融合协同治理的重要议题。同时,如何通过实证性的研究,总结成功典范的运行规律,成功推广主动健康推进体医融合协同治理的实践活动,并从实践反馈理论,构建切合我国实际的主动健康推进体医融合协同治理路径,任重而道远。

参考文献

[1] 习近平. 习近平谈治国理政(第二卷)[M]. 北京:外文出版社,2017.

[2] 国家体育总局. 第二次国民体质监测报告[M]. 北京:人民体育出版社,2007.

[3] 中华人民共和国国家卫生和计划生育委员会. 中国疾病预防控制工作进展(2015年)[J]. 首都公共卫生,2015,9(3):97-101.

[4] 高鑫. 糖尿病防治的现状与思考[J]. 西南医科大学学报,2017,40(1):1-2.

[5] 王传中,陈德炤,李平,等. 运动对慢性病干预效果的研究进展[J]. 现代预防医学,2021,48(4):710-713.

[6] 王正珍,周誉. 运动、体力活动与慢性疾病预防[J]. 武汉体育学院学报,2013,47(11):69-75.

[7] 罗曦娟,张献博,徐峻华. 运动是良医应用实例:美国糖尿病预防项目及其应用[J]. 北京体育大学学报,2016,39(8):59-65,73.

[8] ZHOU M, WANG H, ZENG X, et al. Mortality, morbidity, and risk factors in China and its provinces, 1990—2017: A systematic analysis for the Global Burden of Disease Study 2017[J]. The Lancet,2019,394(10204):1145-1158.

[9] 陈亚东,王莉,马祖长. 我国居民健康促进服务内涵及发展问题分析[J]. 安徽师范大学学报(自然科学版),2018,41(2):5.

［10］孙新惠，杜相品．健康促进在社区卫生服务工作中的应用［J］. 中国社区医师（医学专业），2013,15(2)：258.

［11］李红娟，王正珍，隋雪梅,等．运动是良医:最好的循证实践［J］. 北京体育大学学报，2013,36(6)：43-48.

［12］VUORI I M, LAVIE C J, BLAIR S N. Physical activity promotion in the health care system ［J］. Mayo Clinic Proceedings Mayo Clinic, 2013, 88(12)：1446-1461.

［13］LEE I M, SHIROMA E J, LOBELO F, et al. Effect of physical inactivity on major non-communicable diseases worldwide: An analysis of burden of disease and life expectancy ［J］. The Lancet, 2012, 380：219-229.

［14］安涛."体医结合"相关研究现状分析［J］. 科技资讯，2018,16 (15)：218-219.

［15］郑美艳，孙海燕．江苏省公共体育场馆服务外包运营存在的问题及应对策略［J］. 四川体育科学，2015,34(2)：89-91, 101.

［16］沈圳，胡孝乾，仇军．我国体医融合的研究进展、热点聚焦与未来展望［J］. 体育学研究，2021,35(1)：9-19.

［17］张阳，王志红，张猛,等．健康中国背景下体医融合的服务需求、制约因素及发展思路研究:以合肥市为例［J］. 沈阳体育学院学报，2020,39(1)：61-67, 87.

［18］袁冰．走向整合时代:现代医学的整合与中西医学的整合(二)：兼与樊代明院士商榷［J］. 中医药导报，2018,24(15)：4-8.

［19］俞美玲，赵湘，黄李春,等．专家解读《中国居民营养与慢性病状况报告(2015)》[J］. 健康博览，2015(8)：4-10.

［20］陈吉棣．有氧运动、基因表达和慢性病［J］. 中国运动医学杂志，2002(1)：61-5.

[21]PEDERSEN B K，SALTIN B. Exercise as medicine：Evidence for prescribing exercise as therapy in 26 different chronic diseases[J]. Scandinavian Journal of Medicine & Science in Sports，2015，25(3)：1-72.

[22]张大庆. 医学的多重定义 [J]. 中国医院院长，2009(10)：86-88.

[23]李祥臣，俞梦孙. 主动健康：从理念到模式 [J]. 体育科学，2020，40(2)：83-89.

[24]党俊武. 构建适应老龄社会的"主动健康观"[J]. 老龄科学研究，2021，9(2)：1-10，50.

[25]叶恬恬，赵允伍，王晓松，等. 基于"主动健康"理念的社区慢性病管理模式研究 [J]. 卫生经济研究，2021，38(8)：45-48.

[26]黄克刚，苏红. 主动健康管理定义及体系框架构建 [J]. 大健康，2021(9)：3-5.

[27]LIU J，LI W，YAO H，et al. Proactive health：An imperative to achieve the goal of Healthy China [J]. 中国疾病预防控制中心周报(英文)，2022，4(36)：799-801.

[28]董传升. 走向主动健康:后疫情时代健康中国行动的体育方案探索 [J]. 体育科学，2021，41(5)：25-33.

[29]张庆富. 亚健康与治未病内涵浅析 [J]. 医学争鸣，2017，8(5)：5-7.

[30]弓孟春，刘莉，王媛媛，等. 主动健康管理模式的构建策略 [J]. 科技导报，2022，40(6)：93-100.

[31]汪文.别让焦虑成为家族遗传病[J].江苏卫生保健，2018(8)：39.

[32]王云凤，海雁. 论不良生活方式与疾病 [J]. 山东医科大学学报(社会科学版)，1999(2)：16-18.

[33]郭继志，吴炳义，宋棠，等. 不良生活方式作用途径及其控

制[J]. 医学与哲学(人文社会医学版)，2008(7)：61-63.

[34]王丽敏，陈志华，张梅,等. 中国老年人群慢性病患病状况和疾病负担研究 [J]. 中华流行病学杂志，2019，40(3)：7.

[35]WEI C N, HARADA K, UEDA K, et al. Assessment of health-promoting lifestyle profile in Japanese university students [J]. Environmental Health and Preventive Medicine，2012,17 (3)：222-227.

[36]张金明.对康复与社区康复的认识进入新阶段[J].中国残疾人，2014(10)：53.

[37]董毅. 生物节律与运动 [J]. 中国体育科技，2019，55 (4)：22-30.

[38]胡顺鹏，田爽，曹辉,等. 抑郁症相关性失眠的临床特征与多导睡眠图研究 [J]. 心理月刊，2021，16(3)：10-11.

[39]曾繁杰，杨宝霞，黎萍. 睡眠和心血管代谢性疾病相关的研究进展 [J]. 中国实验诊断学，2021，25(6)：929-931.

[40]严翀. 睡眠障碍与内分泌疾病的关系 [J]. 实用糖尿病杂志，2014，10(6)：58.

[41]孙文静，贺斌，尹又. 阿尔兹海默病睡眠障碍的机制与治疗进展[J]. 中国临床医学，2016，23(4)：514-518.

[42]蔡玉芳，王秀，朱洁. 生物钟基因与睡眠障碍的相关进展 [J]. 宜春学院学报，2015,37(9)：69-71.

[43]魏文静，仝立国，仲启明,等. 生物钟基因与睡眠障碍的研究进展 [J]. 实用医药杂志，2018，35(5)：455-457.

[44]柳惠未，叶桦. 睡眠、昼夜节律及肠道菌群与非酒精性脂肪性肝病关系的研究进展 [J]. 现代实用医学，2019，31(4)：565-568.

[45]汪瑾. 情绪与健康 [J]. 时珍国医国药，2007(5)：1258-1259.

[46]姜永杰,张鹏程.认知过程中的情绪功能研究现状与前瞻[J].教育评论,2015(9):80-83.

[47]林文毅,陈武英,张桂铭.认知情绪:概念、范式与影响[J].心理研究,2021,14(2):99-106.

[48]马丽媛,王增武,樊静,等.《中国心血管健康与疾病报告2022》要点解读[J].中国全科医学,2023,26(32):3975-3994.

[49]胡扬.从体医分离到体医融合:对全民健身与全民健康深度融合的思考[J].体育科学,2018,38(7):10-11.

[50]常凤,李国平.健康中国战略下体育与医疗共生关系的实然与应然[J].体育科学,2019,39(6):13-21.

[51]LAVIE C J,OZEMEK C,CARBONE S,et al. Sedentary behavior, exercise, and cardiovascular health [J]. Circulation Research,2019,124(5):799-815.

[52]PEDERSEN B K,SALTIN B. Exercise as medicine - evidence for prescribing exercise as therapy in 26 different chronic diseases [J]. Scandinavian Journal of Medicine & Science in Sports,2016,25(3):1-72.

[53]郭建军.健康中国建设中体育与医疗对接的研究与建议[J].慢性病学杂志,2016,17(10):1067-1073.

[54]冯振伟,韩磊磊.融合·互惠·共生:体育与医疗卫生共生机制及路径探寻[J].体育科学,2019,39(1):35-46.

[55]ROBERT R,ROBERT H,STOTZ P J,et al. Effects of exercise amount and intensity on abdominal obesity and glucose tolerance in obese adults:A randomized trial [J]. Annals of Internal Medicine,2015,162(5):325-334.

[56]中华医学会老年医学分会,75岁及以上稳定性冠心病患者运动

康复中国专家共识写作组.75 岁及以上稳定性冠心病患者运动康复中国专家共识[J].中国综合临床,2018,34(2):97-104.

[57]胡树罡,王磊,郭兰.《经皮冠状动脉介入治疗术后运动康复专家共识》解读[J].上海大学学报(自然科学版),2018,24(1):9-15.

[58]FARRANCE C,TSOFLIOU F,CLARK C. Adherence to community based group exercise interventions for older people:A mixed-methods systematic review [J]. Preventive Medicine,2016,87:155-166.

[59]ROBINSON M M,DASARI S,KONOPKA A R,et al. Enhanced protein translation underlies improved metabolic and physical adaptations to different exercise training modes in young and old humans [J]. Cell Metabolism,2017,25(3):581-592.

[60]邱林飞."体医融合"的全民健身模式研究[M].杭州:浙江大学出版社,2021.

[61]郭建军.体医融合推动健康革命路径探讨[J].慢性病学杂志,2017,18(11):1189-1192,1197.

[62]廖远朋,王煜,胡毓诗,等.体医结合:建设"健康中国"的重要途径[J].成都体育学院学报,2017,43(1):5-7.

[63]徐姜娟."医体结合"全民健康服务体系的构建[J].开封大学学报,2020,34(3):94-96.

[64]陈万春,刘锋,刘清芝,等.将健康理念融入政府决策实施路径探讨[J].中国卫生经济,2018,37(12):80-83.

[65]刘润麟,李新辉,范晶晶,等.新疆农村居民健康素养与健康信息主动获取行为的关系研究[J].中国卫生事业管理,2019,36(12):934-937.

[66]梁如健.广西居民体质监测中供给主体协同发展现状研究［J］.文体用品与科技,2020(4):195-196.

[67]冯振伟,张瑞林,韩磊磊.体医融合协同治理:美国经验及其启示［J］.武汉体育学院学报,2018,52(5):16-22.

[68]李超君,吴迎,王艳.不同运动方式干预对胰岛素抵抗效果的研究进展［J］.中国康复理论与实践,2017,23(9):1077-1080.

[69]罗曦娟,王正珍,李博文,等.抗阻和有氧运动对糖尿病前期人群胰岛素抵抗的影响［J］.成都体育学院学报,2018,44(5):66-72.

[70]韩雨梅,鲍英杰,田俊生,等.运动对胰岛素抵抗和糖尿病状态下胰腺β细胞的作用机制［J］.体育研究与教育,2017,32(4):100-106.

[71]屈红林,彭瑞.神经干细胞研究现状及在运动医学领域中的应用[J].中国组织工程研究与临床康复,2008,12(25):4941-4944.

[72]秦莉,陆耀飞.运动与特异性免疫细胞[J].山西师大体育学院学报,2005(1):144-146.

[73]肖斌,马红艳,徐芬.运动训练对人体免疫细胞的影响研究进展[J].黑龙江科技信息,2008(12):173.

[74]于洪军,冯晓露,仇军."健康中国"建设视角下"体医融合"研究的进展［J］.首都体育学院学报,2020,32(6):484-491.

[75]杨江,宋淑华.体医融合高质量发展机遇、困境与策略[J].体育文化导刊,2023(6):54-60.

[76]冯富生,李彦龙,杨佳,等."体医融合"促进青少年健康的机遇、挑战与策略［J］.哈尔滨体育学院学报,2022,40(6):84-88.

[77]张剑威,汤卫东."体医结合"协同发展的时代意蕴、地方实践与推进思路[J].首都体育学院学报,2018,30(1):73-77.

[78]张丽军,孙有平.走向主动健康:后疫情时代运动健康教育与大数据融合发展研究[J].成都体育学院学报,2022,48(3):47-52.

[79]倪国新,邓晓琴,徐玥,等.体医融合的历史推进与发展路径研究[J].北京体育大学学报,2020,43(12):22-34.

[80]PROCHASKA J O, DICLEMENTE C C, NORCROSS J C. In search of how people change:Applications to addictive behaviors[J]. American Psychologist,1992,47(9):1102-1114.

[81]陈善平,宋迪,谢丽君,等.中国大学生的体育锻炼动机聚类分析及体育行为特征[J].首都体育学院学报,2023,35(1):57-67.

[82]陈善平,闫振龙.运动承诺理论及相关研究综述[J].武汉体育学院学报,2007(1):51-54.

[83]王志琳,姜飞月.健康行为改变中的社会认知因素:HAPA模型述评[J].医学与哲学(人文社会医学版),2006(7):16-18.

[84]LIPPKE S, ZIEGELMANN J P. Theory-based health behavior change:Developing, testing, and applying theories for evidence-based interventions[J]. Applied Psychology,2008,57(4):698-716.

[85]黎丽嫦,张艳,曾琨.行为阶段转变理论在老年糖尿病病人健康教育中的应用研究[J].全科护理,2021,19(21):2925-2927.

[86]祝莉,王正珍,朱为模.健康中国视域中的运动处方库构建[J].体育科学,2020,40(1):4-15.

[87]焕庭. 2017 年京津冀鲁辽健康智库联盟工作会议在北京举行[J]. 卫生软科学，2018，32(1)：67.

[88]吴波. 构建"主动健康社会"建设"健康中国"：体育产业的功能价值与历史担当 [J]. 唯实，2021(8)：74-79.